성공취업을 위한

스마트 조직심리

성공취업을 위한
스마트 조직심리

발행일 2013년 7월 10일 초판 1쇄

지은이 박재호 | **펴낸이** 노석균 | **펴낸곳** 영남대학교출판부

출판등록 1975년 9월 5일 경산 제16-1호 | **주소** 경북 경산시 대동 214-1
전화 053) 810-1801~3 | **FAX** 053) 810-4722 | **홈페이지** book.yu.ac.kr

ISBN 978-89-7581-469-3 03180

• 값은 표지 뒷면에 있습니다.
• 잘못 만들어진 책은 바꾸어 드립니다.

이 도서의 국립중앙도서관 출판시도서목록(CIP)은
서지정보유통지원시스템 홈페이지(http://seoji.nl.go.kr)와
국가자료공동목록시스템(http://www.nl.go.kr/kolisnet)에서
이용하실 수 있습니다.(CIP제어번호 : CIP2013008749)

성공취업을 위한

스마트 조직심리

박재호 지음

열린시선

머리말

이 책은 새로운 일을 시작하려는 사람들을 대상으로 저술하였습니다. 대학을 마치고 사회로 나아가야 하는 졸업생들, 한 직장에서 근무를 종료하고 새로운 직장을 찾아 가는 직장인들, 그리고 조직을 퇴직하고 제2 또는 제3의 커리어를 시작하는 사람들도 여기에 해당됩니다.

오늘날 미국이나 유럽에서는 사람들이 조직에서 일을 할 때 매 10년 내지 15년이 될 때마다 자신이 가진 소프트(Soft)한 역량과 하드(Hard)한 스킬을 쇄신(Renewal)하지 않으면 직장에서 도태된다고 합니다. 이것은 20대 중반에서 시작하여 60대 초반까지 계속되는 근로 생애(Work life)중 적어도 세 차례에 걸친 변화와 혁신을 하지 않으면 계속해서 직장을 가질 수 없다는 것을 의미합니다. 이를 위해서는 사고의 변화, 창조성 및 혁신성의 도입, 나아가 성과를 창출하는 구체적인 방법론(예, 트리즈) 등의 체화가 필요합니다.

우리가 살아가는 현재 세상은 과거와 엄청나게 달라졌습니다. 과거 100년에 걸쳐서 이루어진 기술 및 과학 분야의 변화는 최근에 와서 단지 2~3년 만에 실현되고 있습니다. 환경변화는 이보다 속도가 더 빠릅니다. 자유무역협정(FTA)이라는 새로운 경제 질서는 어느 나라든 현실에 안주하면 경쟁력을 상실할 뿐만 아니라 지속적 성장을 불가능하도록 만들고 있습니다.

이같은 트렌드에 대응하기 위해서 우리는 개인과 집단이 조직적으로 대처해 나가야 합니다. 개인은 자기분야 전문성에 추가하여 인간미, 도덕성, 핵심

역량 그리고 감성중심의 소프트 스킬로 무장해야 합니다. 집단 즉 팀인 사람들 사이에 이루어지는 역동(Dynamics)에 대해서도 이해하고 활용할 수 있어야 합니다. 조직은 그것이 회사든, 병원이든, 지자체든 또는 대학이든 구분없이 환경변화에 능동적으로 대처하면서 학습하는 조직으로 변신해야 합니다.

이 책의 구성은 도해(圖解) 형식으로 만들었습니다. 바쁜 일상 때문에 시간에 쫓기는 독자는 도표나 그림을 중심으로 신속하게 학습할 수 있을 것입니다. 실습을 통해서 직접 해보아야 학습이 가능한 부분은 실습지를 만들었습니다. 행동을 통한 학습 즉 액션 러닝은 이 책에서 다루는 내용을 자기 것으로 만드는 데 가장 좋은 방법입니다. 이 책은 읽고 감동받고 곧 잊어버리는 식으로 구성되지 않았습니다. 실습하고 토론하여 내 것으로 만들어 추후 행동으로 옮기도록 만든 것입니다. 이를 위해 저자의 30여년에 걸친 대학에서의 교육과 연구, 국내외 기업들의 컨설팅 체험과 학습을 담아 놓았습니다.

이 책을 통해서 독자 여러분들이 자기가 나아가야 할 창조적 미래를 만들고 이것을 성공적으로 실현하기를 진심으로 기원합니다.

2013년 7월

박 재 호

차 례

Smart Organizational
Psychology

취업역량 Employability이란 "내 자신이 취업할 수 있는 역량을 갖추고 있는지 여부와 그 수준"을 의미한다. 성공적인 취업을 위해서는 취업가능성 모델Employability model이 무엇인지 철저히 이해하고, 현재 국내 · 외 취업환경이 어떻게 바뀌고 있는 대해서 철저히 파악해야 한다. 이를 바탕으로 해서 미래에는 취업시장이 어떻게 변화할 것인가를 예측할 수 있어야 한다. 특히 다가오는 미래가 어떻게 전개될 것인지를 예견하면서 자신이 속하는 사회와 직 · 간접적으로 관계를 가지고 있는, 다른 나라들과의 국제적 환경이 어떻게 바뀌는지 살펴보며 이에 대처해야 한다. 환경변화에 대한 철저한 인식은 개인변화의 출발점이다. 오늘날 취업 환경은 우리가 예측하기 어려울 만큼 빠르고 급하게 변하고 있다. 이처럼 급변하는 상황에 능동적이고 긍정적으로 대응할 수 있는 개인적 변화 행동을 추구하기 위해서는, 지금까지와 전혀 다른 사고를 할 수 있는 역량이 필수적이다.

Chapter 1

나의 취업역량 (Employability)을 점검하자.

「한국사회」 어떻게 변할 것인가?

「21세기 한국」 어떻게 변하고 있는가?

기업조직이 추구하는 성공기준

국내 일자리의 급감 현상

세상이 바뀌었다. 그런데 나는?

사회 가치관의 변화

성공취업은 핵심역량 개발로

〈그림 1-1〉

취업역량 모델

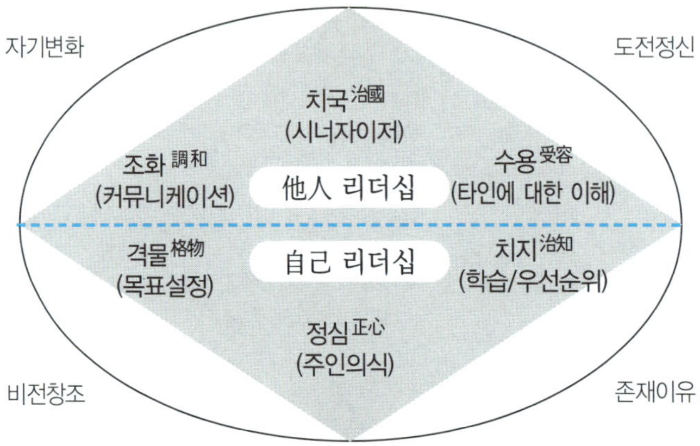

취업역량 모델

취업역량 모델은 2단계 리더십으로 구성되어 있다. 제1단계 리더십은 '자기 리더십'으로, 자기 자신에게 발휘하는 리더십을 말한다. 왜냐하면 진정한 리더십은 "나를 따르라고 주창하는 것이 아니라 내가 하는 행동을 보고 다른 사람이 따라오도록 하는 것이기 때문이다." 제2단계는 제 1단계를 바탕으로 해서 내가 남에게 발휘하는 '타인 리더십'을 의미한다.

이제 우리가 스스로에게 발휘하는 제 1단계인 '자기 리더십'을 살펴보자. 이것은 첫째, 주인의식인 정심(正心)에서부터 시작한다. 즉 내 자신은 내가 책임진다는 마음을 가지고 시작하는 것이다. 둘째는, 목표 설정이다. 이는 자신이 어디로 갈지, 무엇을 지향할지 구체적인 목적을 가지는 것을 의미한다. 배가 항구를 떠나서 거대한 대양으로 항해하여 나아갈 때 어디로 갈지 정하는 것, 이것이 바로 목표이다. 이는 한자로는 격물(格物)이라 하고, 영어로는 목표 설정 goal setting에 해당된다. 셋째, 학습 및 이를 통한 우선순위 설정 능력을 가지는 것을 말한다. 이는 치지(治知)라 할 수 있다. 우리는 학습을 통해서 지식을 깊게 또 넓게 쌓을 수 있을 뿐만 아니라 나아가 이것을 지혜로 바꿀 수 있다. 이상 3가지 역량이야 말로 제1단계 '자기 리더십'을 구성하는 요소에 해당된다.

다음에는 두번째 단계인 '타인 리더십'의 구성 요소를 살펴보자. 첫째, 조화((調和))는 커뮤니케이션 즉 소통(疏通)이 여기에 해당된다. 소통은 다른 사람과 생각, 의견, 가치관 그리고 태도 등을 서로 교환하는 것을 말한다. 둘째, 타인에 대한 이해, 즉 수용(受容)이다. 이것은 상대방을 이해하고 파악하는 것을 말한다. 나아가 타인의 입장과 자신의 입장을 서로 바꾸어서 생각하는 역지사지도 여기에 포함된다. 셋째는 치국(治國)이다. 너와 내가 함께 일하는 것이 시너지(synergy)를 발휘하는 것을 의미한다. 자기에게 영향을 미쳐서 긍정적 변화를 추구하는 '자기 리더십'은 두 개의 날개를 가지고 있다. 그 중 하나는 비전 창조이다. 즉 내 자신의 미래에 대한 꿈과 희망은 무엇인가를 명료하게 하는 것이 여기에 해당된다. 추가하면 나는 미래에 무엇을 이루고 싶은가를 밝히는 것도 포함된다. 두 번째 날개로는 자신의 존재 이유를 명료하게 하는 것이다. 즉 나의 존재 이유는 무엇이고 또 나는 스스로의 생에 대해 어떤 의미를 가지고 있는가를 찾는 것이다. '타인 리더십'을 실현하기 위해서 지속적으로 추구해야 하는 두 개의 날개가 있다. 그 중 하나는 자기변화이다. 개인의 성장 발달 단계에 따라 부단히 추구해야 하는 자기변화가 여기에 해당된다. 이를 실천하는 다른 날개는 도전정신이다. 새롭고 낯선 것에 대해서도 두려움이나 망설임 없이 끝없이 시도하고 도전하는 것으로 실패를 두려워하기보다 실패를 통해 배우면서 다시 시도하는 것을 말한다.

〈그림 1-2〉

「한국」을 둘러싼 국제환경은 어떻게 변하고 있고
또 앞으로 어떻게 변할 것인가?

1. FTA체결에 따른 국내 시장 완전개방
2. 외국기업들의 국내 진출 가속화
3. 국내 기업들의 해외진출 가속화
4. 기업의 지속 가능성 추구

「한국사회」 어떻게 변할 것인가?

먼저 자유무역협정 FTA 체결에 따른 국내 시장의 완전개방을 언급할 수 있겠다. 우리나라는 칠레와 FTA를 처음 체결한 이래 다수의 나라들과 자유무역협정을 체결하였다. EU와 미국과 한 FTA는 한국도 개방된 국제무대에 당당하게 나가지 않으면 안 되도록 압력을 넣고 있다. 최근에는 중국과 일본과도 자유무역협정 체결을 위한 실무 회담을 시작하였으며 최종 목표를 향해서 한 발짝씩 나아가고 있다. FTA체결은 우리나라가 세계라는 무대에서 교역을 하기 위해서는 피할 수 없는 선택이다. 왜냐하면 자본주의 논리는 우리가 자기 시장을 개방해야 다른 나라 즉 남의 시장에도 들어갈 수 있는 호혜원칙에 입각해 있기 때문이다. FTA는 긍정적인 면뿐만 아니라 부정적인 면도 가지고 온다. 그러나 분명한 사실을 이것은 피할 수 없는 추세라는 사실이다. 따라서 시장개발이 국내 기업 및 국민에게 미칠 영향이 무엇인지를 체계적으로 예측하고 준비해야 한다. 구체적인 예로 EU와 FTA체결 이래 일본 및 독일 자동차가 국내에 물밀듯이 범람하고 있다. 또 외국 기업들의 국내 진출도 증가하고 있다. 이와 동시에 국내 기업의 외국 진출 역시 헤아릴 수 없을 만큼 늘고 있다. 따라서 우리는 FTA가 가져오는 쓰나미를 어떻게 대비하느냐가 향후 지속적 성장 여부를 결정할 것이다.

환경변화에 맞춰 기업이 생존하고 발전하기 위해서는 조직의 불필요한 군살을 빼 조직을 슬림화하는 동시에 조직에 활력을 불어 넣을 수 있도록 조직을 개발해야 한다. 특히 관료주의가 지배하는 정부기관, 국영기업, 국가기업 등은 효율과 효과 면에서 사기업에 비교하면 경쟁력이 떨어진다. 이들을 지속가능하게 열정과 동기부여를 하는 것은 최근 환경 변화가 요구하는 새로운 도전에 해당된다.

〈그림 1-3〉

급변하는 한국 사회

소자화, 고령화

비혼화 · 만혼화(非婚化 · 晩婚化)

세대수의 감소
약 반수가 2인이하 세대

세대별 변화
인생 제 3스테이지 진입 "신정년세대"

경제
저성장 시대로 진입

정보화
휴대폰 인터넷, ipot, MP3는 필수품

성숙사회
개인은 물질보다 정신적 풍요를 중시

「21세기 한국」 어떻게 변하고 있는가?

21세기 들어서 우리나라가 어떻게 변하고 있는가를 살펴보자. 중요한 변화의 하나로 소자화 및 고령화 현상을 들 수 있다. 소자화는 출산하는 아이 숫자가 적은 것을 말하고, 고령화는 사람들의 평균 수명이 길어지는 것을 의미한다. 비혼화와 만혼화도 급증하고 있다. 비혼화라는 것은 결혼 자체를 하지 않는 것을 말한다. 만혼화는 결혼을 해도 나이가 들어서 늦게 하는 것이다.

10여 년 전까지만 해도 남성의 경우 26~28세 전후가 결혼 적령기였는데 최근에는 35세 전후로 늦어지고 있다. 여성의 경우도 30세가 넘어서 결혼하는 인구가 증가하고 있다. 비혼화와 만혼화로 인해 세대를 구성하는 가족 숫자가 적어지고 있다. 한 세대는 대개 아버지와 어머니 그리고 자식들로 구성되는데 최근에 와서는 자식 없이 부부 두 명만 사는 경우가 허다하다. 즉 집에는 부모만 살고 자식들은 장성하여 취업을 위해 대도시로 나가는 경우가 많다. 또한 부부 중 배우자가 사망한 경우는 1인 가족으로 남는 경우도 허다하다. 결과적으로 보면 각 세대를 구성하는 멤버의 수는 감소하고 있다.

그 다음으로 평균 수명과 건강 수명의 증가로 신정년 시대가 오고 있다. 이에 따라 신체적 정년보다 훨씬 더 늦게 심리적인 정년이 온다. 이를 살펴보면 퇴직 후 인생 제3스테이지로 들어가는 사람들이 증가하고 있다. 일본에서는 자기의 실제 연령에다 0.7을 곱하는 것이 현실적 자기 나이라고 주장하는 학자들이 있다.

그 결과 누구나 인생 설계를 과거와 다르게 해야 하는 것이 새로운 트랜드이다.

IT의 확산과 정보화의 진전은 스마트 폰, 인터넷, 아이패드, 스마트 이 북 Smart eBook 등을 생활의 필수품으로 만들고 있다. 이를 통해 정보의 수집, 확산 그리고 창조가 과거보다 훨씬 더 쉬어졌다. 이 같은 변화에 추가하여 한국사회도 점차 성숙사회로 접어들고 있기 때문에 개인은 물질적 풍요에 추가하여 정신적 풍요를 중시하게 되었다.

최근 일본판 주간 뉴스위크지는 표지에 한국이 선진국으로 진입할 것인가를 다루었다. 여러 가지 긍정적 변화도 있지만 부정적 변화도 동반하고 있다. 저성장시대로 진입한 까닭에 빈부 격차는 더 커지면서 중산층은 급격히 붕괴되고 있는 현상이 그 부정적 변화 중 하나이다.

〈그림 1-4〉

기업조직이 추구하는 성공기준

성장 (Growth)

+

이익창출 (Profit)

+

지속가능성 (Sustainability)

지속적 번영을 찾는 조직은
경쟁력, 창조력, 실천력 3영역에서 성공!!

기업조직이 추구하는 성공기준

자본주의가 만들어 낸 가장 뛰어난 업적은 '주식회사'이다. '주식회사'는 우리 인류가 만든 가장 탁월한 발명으로 '돈이 있는 사람과 경영능력이 있는 사람'이 모여 경쟁력이 있는 조직을 만든 것이다.

오늘날 이 같은 주식회사 형태의 기업이 각 나라의 주축이다. 과거에는 다른 나라와의 전쟁을 할 때 주체가 군대였다면 오늘날에 와서는 기업들이 그 역할을 대신하고 있다. 따라서 각 나라를 대표하는 글로벌 기업들이 추구하는 성공기준이 무엇인가를 잘 파악하는 것은 대단히 중요하다.

기업들은 조직 성공의 키워드를 지속가능성Sustainability라고 설정하고 있다. 이는 조직이 오랫동안 또는 영원히 존속하기를 추구하는 말이다. 그러면 이처럼 오랫동안 지속되어 오고 있는 장수 기업들은 어느 나라에 있을까. 이탈리아 기업 하나는 1000년 가까이 장수하고, 일본에도 500년 이상 장수하는 기업이 수십 개나 있다. 프랑스에도 500년 이상 된 기업들이 여러 개 있다.

이들 지속가능한 기업들이 가진 특징은 성장지향성을 가지고 있다는 것이다. 즉, 이들은 성장하고 발전하는 DNA와 전략을 가지고 있으며, 이익을 지속적으로 창출하는 모델을 가지고 있다. 또한 장수 기업들은 경쟁력, 창조력, 실천력에서 타 기업들과 철저히 차별화시키고 있다.

〈그림 1-5〉

취업환경변화 : 최악의 시나리오

1 젊은 층을 위한 국내 일자리는 점차 줄어들고 있음

2 청년실업이 100만 명 이상을 돌파하고 있음

3 매년 쌓이는 청년 실업은
프리타와 니트인 비정규직만 대량생산

4 일자리 이동은 국내에서 중국, 인도로

5 일자리는 인도네시아, 베트남, 아프리카로

국내 일자리의 급감 현상

학업을 마치면 다음 단계로 나가는 것은 어느 누구에게나 중요하다. 이것이 바로 성장, 발전 그리고 긍정적 변화이다. 그러나 안타깝게도 최근 수년 동안 국내의 일자리가 급감하는 현상이 나타나고 있다. 특히 젊은 인력을 흡수하는 신규 일자리는 별로 늘지 않고 있다.

그 결과 대학을 졸업한 젊은이들이 아웃소싱을 통해 비정규직으로 근무하거나 장기 실직 상태에 직면하고 있다. 이 같은 현상은 왜 일어나고 있는가? 우선 국내 기업들이 제공하던 일자리는 더욱 줄어들고 있다. 기업들은 해외로 나아가지 않으면 생존이 어렵기 때문이다. 이를 한번 살펴보자.

첫째, 기업은 시장이 있는 곳으로 진출해야 한다. 즉 고객과 시장이 있는 곳에 가서 비즈니스를 하는 것이 기업생존의 관건이다. 구체적으로 중국, 베트남, 인도, 인도네시아 그리고 아프리카 등으로 진출하고 또 진출을 을 서두르고 있는 것은 바로 이 같은 배경에서 시작한다.

둘째, 청년 실업이 오늘날 100만 명 이상을 돌파하고 있다. 국내투자는 감소하고 해외에 생산기지를 만들기 때문에 가장 왕성하게 일을 할 청년들이 조직에 기여할 기회를 가지지 못하고 있다.

셋째, 매년 늘어가는 청년 실업으로 인해 프리타와 니트 즉, 비정규직만 대량생산되고 있다. 프리타Freeta라는 말과 니트Neet 라는 말을 살펴보자. 프리타는 일본의 경제신문인 니케이Nikkei의 기자가 만든 신조어로 프리free와 독어인 아르바이트Arbeit의 합성어다. 의미는 자유롭게 일하는 사람, 즉 일이 있으면 하고 없으면 노는 사람을 의미한다. 이는 풀타임 고용이 아니라 파트타임 고용을 말한다. 정규직이 아닌 비정규직이기 때문에 정상적으로 일을 하지 못하는 경우가 여기에 해당된다.

반면 니트(NEET; Not educated, employed and trained)라는 말은 즉 교육도 안 받고 채용도 되지 않고 트레이닝도 받지 않은 사람을 의미한다. 이 같은 경우는 본인도 적극적인 일자리 탐색활동을 하지 않고, 회사도 채용에 별 관심이 없는 경우에 해당된다.

〈그림 1-6〉

세상 : 어떻게 바뀌고 있는가

1. 소자화 가속화와 무출산현상
2. 만혼 내지는 무결혼
3. 급속한 고령화사회 진입
4. 가족 세대의 미니화
5. 일하는 기간 (25세~60세)에 3개의 직업을 요구
6. "어디에 근무하는가 보다 무엇을 할 줄 아는가"

세상이 바뀌었다. 그런데 나는?

"이처럼 세상이 바뀌었다 그런데 나는?" 이란 주제를 가지고 논의해 보자. 우리는 앞에서 한국사회에 소자화와 무출산이 가속화되고 있다고 밝혔다. 나아가 고령화 사회로 이미 진입했기 때문에 세대 수는 감소하면서 노인인구는 가파르게 증가하고 있다. 한국 사회의 고령화속도는 OECD 회원국 중 그 어떤 나라보다 빠르다. 영국에서 발표된 일과 관련된 최근 리포트를 보자.

우리가 통상 25세나 26세부터 55~60세까지 일을 한다고 가정할 때 과거에는 한 가지 직업을 가지고 무사히 버텼다. 그런데 오늘날에는 한개 직업만 가지고는 도저히 정년까지 가지 못한다고 밝히고 있다. 따라서 적어도 두 개 내지 세 개의 직업이 필요하다.

다시 말해 첫 번째 직업으로 일을 하는 동안에서 두 번째 직업을 준비해야 하고 두 번째 직업에서 근로활동을 하는 동안 다시 세 번째를 준비하는 것이 근로 생애(Work Life)의 뉴 패러다임이고 필수 조건이라고 이 리포트는 주장하고 있다. 또한 어디에서 근무를 하는 것보다(회사 또는 조직) 더 중요한 것은 무엇을 하느냐(직무)라는 것이다. 다시 말하면 과거에는 어디를 다니느냐가 중요했지만 지금은 무슨 일을 하는가가 훨씬 더 중요하다.

〈그림 1-7〉

사회가치관의 변화

1. 가족 주의 및 집단 주의에서 극도의 개인주의로

2. 배경 · 출신보다는 성취주의로

3. 감정 절제에서 무한 감정 표출 사회로

4. 로컬 가치관에서 글로벌 가치관으로

사회 가치관의 변화

사회 가치관이 급변하고 있다. 과거에는 가족주의 및 집단주의가 우리 사회를 지배했지만 지금은 극도의 개인주의로 바뀌고 있다. 과거에는 어디 출신인지, 어느 학교를 나왔는가와 같은 배경이 중요했지만 지금은 무엇을 할 줄 아는지 또 무엇을 한 적이 있는가와 같은 성취역량 및 성취업적이 더 중요하다. 사회의 구성원들도 바뀌었다.

즉 감정 표현을 자중하는 가치가 감정을 자유롭게 표현하는 감정 표출 가치로 변하고 있다. 지금 한국사회는 너무나 자유롭게 감정을 표출하고 있다. 익명성이 보장되는 온라인상에서의 개인을 지목하는 무분별한 감정 표출은 사회적으로 큰 문제가 되고 있다.

마지막으로 한 나라의 전통과 문화를 바탕으로 하는 로컬 가치관Local value에서 글로벌 가치관Global value으로 변화를 들 수 있다. 즉 우리가 세계라는 한 마을에 다른 나라 사람들과 어울려 살려면 국내에서만 통용되는 가치관을 세계에서 통용되는 가치관과 통합시키지 않으면 안 된다. 이 분야는 앞으로 유망한 이문화 연구(Cross-cultural Study)에 해당된다.

〈그림 1-8〉

성공취업을 위한 스마트 인재

1 기업이 찾는 스마트한 인재로 변신하자.

2 일자리를 국내에서뿐만 아니라 해외에서도 찾을 수 있는 글로벌 인재로 탈바꿈하자.

3 스마트한 인재가 되기 위한 프로세스와 그 방안을 학습하자.

4 성공취업 커리어 개발은 제로 베이스에서 시작하자.

성공취업은 핵심역량 개발로

성공 취업은 학습단계를 종료한 사람이 다음 단계인 취업으로 성공적으로 나아가는 것을 말한다. 여기에는 고등학교나 대학을 졸업한 취업희망자뿐만 아니라 한 직장에서 근무를 종료하고 원하는 다음 직장으로 성공적으로 재취업하는 것도 포함된다고 말할 수 있다. 성공 취업을 가능케 하는 것은 당사자가 취업에 필요한 핵심역량을 어떻게 갖추고 있는가로 결정된다.

이대 핵심 역량은 우리가 취업을 하기 위해서 반드시 갖춰야 할 능력과 준비상태를 말한다. 이를 위해 우리는 우선 기업이 찾는 스마트한 인재로 변하지 않으면 안 된다. 나아가 일자리를 국내뿐만 아니라 해외에서도 찾을 수 있는 글로벌 인재로 업그레이드되어야 한다.

IMF 체제로 들어간 1998년도에 외환 위기가 도래했을 때 한국인도 언어력, 이 문화에 대한 감수성 그리고 커뮤니케이션 능력 등이 뛰어났으면 다른 나라에 가서 일 할 수 있었을 것이다. 그런데 우리 대부분은 글로벌 인재가 아니고 로컬 인재였기 때문에 꼼짝 못하고 국내에서 어려움을 당할 수밖에 없었다.

일자리도 국내뿐만 아니라 해외에서 찾을 수 있는 역량을 갖추어야 한다. 나아가 스마트 인재가 되기 위해서는 하드 스킬Hard skills로 대표되는 지식과 정보에 추가하여 소프트 스킬Soft skills인 커뮤니케이션, 리더십 그리고 팀워크 등의 역량을 갖추어야 한다. 성공취업 커리어 개발은 지금까지와 전혀 다른 제로베이스에서 시작해야 한다.

왜냐하면 우리가 새로운 학습을 하려면 지금까지 배워서 알고 있는 낡은 지식의 상당부분을 버려야 하기 때문이다. 항아리에 쓸데없는 물건들을 잔뜩 채워 놓으면 새로운 물건을 어떻게 넣을 수 있는가? 불필요한 것, 유용하지 않은 것 더 이상 도움이 되지 않는 낡은 것을 버리는 지혜가 필요하다.

Smart Organizational
Psychology

스탠포드 Standford 대학의 신입생은 입학하면 제일 먼저 시간 관리에 대한 교과목을 배운다. 왜냐하면 시간이야말로 누구에게나 가장 중요한 원자재일 뿐만 아니라 이를 효과적 및 효율적으로 관리하는 것이 성공으로 가는 전제조건이기 때문이다. 국내 대학에서는 시간에 대해서 정기과정으로 개설하고 가르치는 데가 드물다. 그런데 인생을 성공적으로 관리하는 시간관리 역량은 반드시 배우지 않으면 안 된다.

시간은 누구에게나 공평하게 주어졌다. 권력이 있고 돈이 많고 또는 많이 배웠다고 하루 24시간 이상을 가진 것은 아니다. 매 시간, 매일을 어떻게 보내느냐가 인생을 바르게 관리하는 지름길이다. 영어권에서는 시간을 과거 현재 미래로 나누면서 특히 현재라는 시간을 선물 Present이라고 하고 있다. 왜냐하면 현재는 '신이 준 선물'이기 때문이다.

Chapter 2

시간관을 바꾸어 취업역량을 높이자.

〈그림 2-1〉

역사에서 본시간관 1

1

고대 중국 및 유럽에서는 일을 해도 시간당으로 급료를 받지 못했음

얼마나 긴 시간 동안 일을 하는가는 급료와 상관이 없었음

2

불란서 역사가 자크 르 고프(Jacques Le Goff)는 14세기에 와서도 시간은 오직 하느님의 소유라고 주장

따라서 시간당으로 노동을 파는 것은 고리대금업처럼 나쁜 일이라고 간주되었음

시간관 1

15세기에 프란체스코회 수도사였던 성 베르나도는 사람은 시간에 대해서 말하는 방법을 몰라야 한다고 주장했다. 그 이유로는 시간은 하느님의 전유물이기 때문에 인간이 감히 시간에 대해서 말해서는 안 된다는 것이었다.

이 같은 사회적 경향은 18세기까지 지속되어 왔고, 인간이 시간을 언급하는 것은 금기시되어 왔다. 그 후 18세기 유럽에서 일어난 산업 혁명으로 인해 시간관은 급격히 변화하기 시작하였다. 다시 말하면 얼마나 빨리, 얼마나 오랫동안 일을 하느냐가 그 대가로 받는 급료와 직결되기 시작하였다.

우리나라에서도 연 단위 시간 개념은 있었다. 즉 농사를 짓는 사이클이 춘하추동으로 이어졌으며, 한해 농사를 마무리하는 가을에 생산된 농산물을 정산하는 습관이 있었다.

따라서 농업사회에서는 시간 개념이 비교적 덜 발달되었다. 그러나 산업화는 느긋한 농업중심사회의 시간관을 오늘날과 같은 분, 초 개념으로 세분화시켜 빠른 시간관으로 바꾸어 놓았다. 특히 요즘과 같은 ICT(Information Convergence Technology) 시대에는 인터넷에서 영화 한편 다운로드 받는데 8초 이상 걸리면 늦다고 하지 않는가.

〈그림 2-2〉

역사에서 본시간관 2

3

15세기 프란체스코회 수도사였던 성 베르나르도 (Bernardo of Siena)

인간은 시간에 대해서 말하는 방법을 몰라야 한다고 주장, 왜냐하면 시간은 하느님의 소유물이기 때문

4

산업혁명이 이 모든것을 변화시킴

- 얼마나 빨리 또 얼마나 오래 작업을 하느냐가 급료와 직결됨
- 조립라인의 속도와 생산량에 따라 일한 만큼 시간당 보스 지급이 정착화되기 시작함

시간관 2

찰리 채플린의 모던 타임즈Modern Times라는 영화를 본적이 있는가? 이는 산업 혁명시대 즉 인간과 기계의 상호관계를 잘 묘사한 대걸작 영화이다. 찰리 채플린이 제작하고, 감독하고 또 주연한 "모던 타임즈"는 산업사회의 인간성 부재를 꼬집었다. 산업화로 인간은 기계의 일부로 전락하는 것과 자신이 일하는 시간에 따라 받는 급료가 생존의 수단이란 사실을 보여주고 있다.

산업혁명 이후 적어도 서구사회에서는 시간을 근거로 하여 대가나 이자를 받는 것이 합법화되었다. 그러면 시간을 근거로 해서 이자를 받는 것은 무엇인가. 예컨대 우리가 은행에서 돈을 빌려서 한 달 후에 갚는 것과 6개월 후에 갚는 것은 지불해야 하는 이자가 다르다.

6개월이라는 시간 때문에 1개월 후에 갚는 것 보다 이자를 여섯 배 더 내는 셈이다. 이같이 노동과 돈의 가치는 시간을 기준으로 하여 결정되기 시작되었다.

1890년대 미국 최초 컨설턴트인 Frederick Taylor가 『과학적 경영』이란 책을 내면서 노동의 대가는 시간을 근거로 해서 지불하는 것이 옳고, 돈의 가치 역시 시간과 관계된다는 것을 인지시키기 시작하였다.

그 후 산업사회나 산업 후기 사회 나아 정보화 사회에 진입하면서 시간을 다루는 생각은 더욱 변화하였다. 인터넷 타임, 디지털 타임 등은 과거와는 완전히 다른 새로운 개념으로 대두한 것이다. 디지털 타임시대에 와서는 미래를 향한 빠른 속도의 질주 때문에 사람들은 즉각적인 만족 추구라는 뉴 패러다임을 갖기 시작하였다. 인터넷 타임 또한 속도가 빨라지는 현상을 말하는 것으로 대용량의 데이터를 다운로드 하는 데도 5초 이상 걸리면 사람들은 인터넷을 떠나버린다.

〈그림 2-3〉

역사에서 본시간관 3

5

찰리 채플린의 Modern Time에서의 시간

· 시간을 근거로 하여 이자를 내는 것이 합법화됨
· 노동과 돈의 가치를 시간을 기초로 하여 결정함
· Frederick Tayor의 Scientific Management

6

지식기반사회 :
산업사회, 산업후기사회를 뛰어넘는 사회

· 인터넷 타임, 디지털 타임
· 사람들은 빠르게 질주하는 미래로 인해 즉각적인 만족 추구의 뉴 패러다임을 가지게 되었음

시간관 3

이처럼 우리는 초스피드 사회로 이미 진입해 버렸다. 컴퓨터나 인터넷, 이메일, 스마트폰, 아이패드 등과 같은 ICT기기들은 우리들로 하여금 과거와 전혀 다른 패러다임을 갖게 한다. 구체적으로 보면 비디오 게임, 팜 파일럿, 디지털 카메라, iPad, iPhone 등은 스피드에 대한 개념 자체를 과거와는 전혀 다르게 바꾸어 주고 있다. 그리고 시간과 거리 개념을 완전히 다르게 인지하는 신인류족(新人類族)을 탄생시켰다.

여기에 따른 새로운 풍속도를 보자. 스피드 데이트라는 것이 최근에 등장하였다. 즉 미국의 한 회사에서는 청춘남녀간에 7분 데이트를 하도록 추천하고 있다. 다시 말해 7분 안에 자신의 짝이 될지 안 될지를 파악하라는 것이다.

그런데 더 나아가서 인도 뉴델리에 있는 어떤 소프트웨어 개발회사는 3분 데이트까지도 주선하고 있다고 한다. 과거처럼 결혼을 위해 6개월을 서로 사귄다든지 더 길게 잡아서 2~3년을 사귀는 것은 새로운 풍습도에 맞지 않는다고 보는 것이다.

영국의 한 은행은 5분 비즈니스 미팅을 고객에게 제공하고 있다. 즉, 5분 이내에 고객이 가진 니즈를 해결해 주는 것이다. 이상과 같은 사례들은 짧은 시간에 다양한 종류의 비즈니스가 이루어지는 현상을 연출하고 있다.

자, 이상과 같이 시간을 보는 관점인 시간관(timescope)은 달라지고 있는데 우리 자신은 어떤가? 나는 혹시 시간이라 하는 것은 얼마든지 있고 또 내 자신은 무한한 시간의 소유자라고 오해하고 있지는 않은가?

〈그림 2-4〉

역사에서 본시간관 4

7

초 스피드 사회

· 컴퓨터, 인터넷, 이메일, 휴대전화, CD, DVD
· 비디오게임, 팜 파일럿, 디지털 카메라, iPOD, iPHONE
· "시간과 거리 개념은 이제 더 이상 존재하지 않는다":
  신 인류족 탄생

8

신 풍속도 : 스피드 데이트(Speed Date)

· 미국의 한 기업 : 남녀간에 7분 데이트를 주선
· 인도 뉴델리의 한 회사는 3분 데이트까지 주선함
· 영국의 한 은행은 5분 비지니스 미팅을 고객에게 제공

시간관 4

시간과 연계되는 새로운 변화를 좀 더 살펴보자. 오늘날 3분이란 시간은 이미 너무나 긴 시간이다. 인터넷에서 3분은 영겁에 가까운 시간으로 생각된다.

따라서 대용량인 영화 한 편을 다운로드 받는데 8초 이상이 걸리면 사람들은 사이트를 떠나 버린다. 미국의 TV방송 화면은 3.5초마다 바뀐다. 넥스트-카드 NEXT-CARD라는 회사는 3.5초 내에 신용불량자를 체크하여 신용카드사용 여부를 결정해 주고 있다.

신용 카드를 사용해 본 사람은 어떻게 해서 그렇게 빨리 신용이 좋은지 여부를 확인하고 결제가 미루어지는가를 궁금해 할 것이다. 카드 수용 여부를 빨리 처리하는 기계가 바로 이 NEXT-CARD시스템이다. 외환 거래 딜러는 1/5초 내에 거래를 완료한다.

저녁 5시에 퇴근을 해서 같이 가족과 함께 식사하는 유형은 점점 줄어들고 있다. 오전 9시 출근 오후 5까지 근무라는 산업화시대 및 산업후기시대의 근무 패턴은 점차 달라지고 있다. 출근하지 않고 자기 집에서 일하는 재택근무나 다른 지역에 가서 근무하는 리모트 근무 등이 일상화되고 있다

과거처럼 출근해서 한 사무실에서 책상을 맞대고 일하는 기회는 점차 줄어든다. 가족이 함께 모여 식사하고 TV를 보는 풍속들도 점차 줄어들고 있다.

〈그림 2-5〉

역사에서 본시간관 5

9

3분은 영겁의 시간

- 인터넷에서 3분은 영겁에 가까운 시간
- 영화 한편 다운로드하는 데 8초 이상 걸리면 사이트를 떠남
- 미국 TV 방송화면은 매 3.5초마다 바뀜
- Next-Card는 35초 만에 신용불량자를 체크하여 신용카드 사용 가능여부를 승인해 줌
  외환거래 딜러는 1/5초 내에 거래를 완료

10

가족, 친구와 만나는 시간도 변화

- 9시에서 5시까지 일하는 사람들의 수는 점차 줄고, 가족과 함께 모여서 식사하고 TV보는 풍속도 역시 점차 사라져 가고 있음

시간관 5

3분의 시간은 이미 영겁의 시간이다. 인터넷에서 3분은 영겁에 가까운 시간이기 때문에 영화 한 편 다운로드 받는데 8초 이상이 걸리면 사이트를 떠나 버린다. 미국의 tv 방송 화면은 오늘날 3.5초마다 바뀌고, next-card라는 회사는 35초 만에 신용불량자를 체크하여 신용카드 사용 여부를 허락해 주고 있으며, 외환 거래 딜러는 1/5초 내에 거래를 완료하고 있다고 합니다. 내가 신용이 있어서 내 카드가 수용되는지 안 되는지 기계가 빨리 알게 해 주느냐 하는 것이 next-card 시스템이다.

그 다음에 가족, 친구와 만나는 시간도 과거와 달라지고 있다. 저녁 5시에 퇴근을 해서 아침까지 같이 식사하는 가족들을 만날 기회가 점점 줄어든다. 아침 9시 출근해 오후 5시까지 근무하는 사람들의 수는 점점 줄고 있다.

집에서 근무하든지 또는 리모트, 따른 지역에 가서 근무하는 모델들이 자꾸 나오기 때문에 과거처럼 출근해서 한 직장에서 테이블을 마주 보고 있을 그런 기회는 점차 줄어든다고 할 수 있다. 가족의 모델도 점차 달라진다. 가족이 함께 모여 식사하고 TV를 보는 그런 풍속들은 점차 사라지고 있다.

Smart Organizational Psychology

성공적으로 취업을 하기 위해서는 질문력을 길러야 한다. 왜냐하면 질문력이야 말로 개인을 바꾸고, 상대를 바꾸고, 집단 및 팀을 바꾸는 힘이기 때문이다.

질문을 사용하는 것은 아주 좋은 교육방법이다. 또한 바른 질문을 할 줄 알면 문제의 2/3은 이미 해결된 셈이라고 미국 심리학의 아버지이고 하버드 대학교 심리학 교수였든 윌리엄 제임스 William James교수가 일찍이 밝혔다.

그러나 우리가 가지고 있는 가장 큰 문제점은 언제부터인가 질문을 하지 않는다는 것이다. 질문을 하면 거기에 대해서 답을 찾게 되고 답을 찾기 위해서는 사고를 하게 하는데, 질문을 멈추면 더 이상 사고 즉 생각을 하지 않게 된다

Chapter 3

질문의 힘
The Power of Questioning

질문의 파워
미래 창조를 위한 상상력과 현실력
10년 후 내 자신을 생각해본다
빙산모델

〈그림 3-1〉

질문의 힘 : 나를 바꾼다

"문제의 2/3는
해결된 셈이다."
-*William James*

바른질문 (Right question)을 할 줄 알면,

✚ 질문사례

1) 나는 미래 커리어를 어떻게 개발할 것인가?
2) 내가 어떻게 하면 성공적인 취업이 가능할 것인가?
3) 나 뿐만 아니라 동료들도 성공적으로 취업하였다. 우리가 그 동안 어떻게 해왔기 때문에 이것이 가능했는가? (Back from the Future)

질문의 힘 The Power of Questioning

성공적으로 취업을 하기 위해서는 질문력을 길러야 한다. 왜냐하면 질문력이야 말로 개인을 바꾸고, 상대를 바꾸고, 집단 및 팀을 바꾸는 힘이기 때문이다. 미국에는 콜라를 생산하는 두 개의 큰 회사가 있다. 코카콜라와 펩시콜라가 그것이다. 펩시콜라는 콜라 외에도 감자 칩을 생산하는 회사인 프리토 레이 등 수많은 계열사로 거느리고 있다. 펩시 그룹의 앤리코Enrico 전 회장은 1년에 2~3회 차례 계열사 사장들을 자기 별장에 초대해서 이들을 교육시키고 가르치는 방법으로 질문법을 이용하였다.

질문을 사용하는 것은 아주 좋은 교육방법이다. 또한 바른 질문을 할 줄 알면 문제의 2/3은 이미 해결된 셈이라고 미국 심리학의 아버지이고 하버드 대학교 심리학 교수였든 윌리엄 제임스William James교수가 일찍이 밝혔다.

그러나 우리가 가지고 있는 가장 큰 문제점은 언제부터인가 질문을 하지 않는다는 것이다. 질문을 하면 거기에 대해서 답을 찾게 되고 답을 찾기 위해서는 사고를 하게 하는데, 질문을 멈추면 더 이상 사고 즉 생각을 하지 않게 된다. 질문 중에서도 심층질문은 답하기가 쉽지 않다. 예컨대 "나는 미래에 이루고 싶은 꿈이 무엇인가? 나는 미래에 어떤 일을 하면서 살아갈 것인가?" 그러나 이 질문을 회피하면 남이 그 답을 찾아 줄 수밖에 없다. 남이 우리의 미래를 개척해 준다면 우리는 그 사람의 노예가 되는 것이다. 예컨대 "나는 어떻게 하면 성공적인 취업을 할 수 있을까"라는 질문을 하는 경우 이에 대한 답도 스스로 찾을 수 있다.

그러나 더욱 중요한 것은 답을 찾는 것보다 추가적인 질문을 계속해서 자신에게 던지는 것이다. 이처럼 질문, 즉 문제를 창조하는 일은 대단히 중요하다.

마지막으로 미래에 서서 과거를 돌아보면서 하는 질문법이 있다. 이 질문법은 아직 오지 않았지만 미래가 벌써 현실로 왔다고 가정하고 '미래에서 현재를 보는' (Back from the future)기법이다. 이 기법은 대단히 강력한 힘을 가지고 있다. 왜냐하면 내가 미래에 이룩한 성취를 지금 보고 있기 때문에 이제부터 단계적으로 미래를 향해 밟아가기만 하면 되기 때문이다.

〈그림 3-2〉

심층질문 : 그 진짜 파워

1. '심층질문'은 지금까지 내가 가졌던 막연했든 문제를 구체화 시켜준다.

2. 질문사례 연구(5번 '왜'(5 Why)를 묻고, 여기에 답을 찾아보자)

"나는 왜 이 회사에 입사하고 싶어하는가?"
"왜 그런 생각을 가지게 되었는가?"
"왜 그렇게 해야 되는가?"
"왜 지속적으로 계속해서 그렇게 생각하는가?"
"왜 그렇게 해야만 하는가?"

질문의 파워

질문은 지금까지 내가 가졌던 막연한 문제를 구체화시키는 데 도움을 준다. 특히 심층질문Depth Questioning은 문제를 실제로 눈으로 볼 수 있도록 만들어 준다. 도요다Toyota 자동차는 직원들에게 '왜' 라는 질문을 다섯 번 이상 하도록 교육시킨다. 왜냐하면 이처럼 다섯 번에 걸쳐 심층 질문을 하면 대부분의 문제가 가진 근본적 원인이 밝혀질 뿐만 아니라 해결책도 나오기 때문이다.

자, 우리가 취업을 하려고 A라는 회사를 선택했다고 하자. 이때 '5차례 왜 질문' 5 Why Questionning을 적용해 보자.

첫째, "왜 나는 이 회사에 취업을 하고 싶어 하는가?", 둘째, "왜 그런 생각을 하게 되었는가?", 셋째, "왜 그렇게 해야 하는가?" 넷째, "왜 계속해서 그렇게 생각하는가?" 다섯째, "왜 끝없이 이 회사만 추구하는가?" 이처럼 "왜" 라는 질문을 여러 차례 던지면 거기에서 답이 자동적으로 나온다. 그런데 우리는 안타깝게도 언제부터인가 질문하는 것을 중단하였다. 대학생활이나 직장생활에서 절대 질문을 던지지 않는 사람이 너무나 많다.

이것은 질문력 가진 막강한 힘을 포기한 것이다.

노벨물리학상을 받은 Isaac Isador Rabi 교수는 수상 소감을 묻는 기자의 질문에 다음과 같이 답했다. "제가 노벨상을 받은 것은 순전히 어머니 Jenni Teig Rabi 덕분입니다. 그녀는 제가 초등학교에 입학하고 부터 학교를 다녀오면 "너는 오늘 어떤 멋진 질문을 했지?"라고 물었습니다. 그리고 "너는 내일 무슨 질문을 할래?"라고 물었습니다. 저의 학습자세는 어머니의 질문력을 통해서 갖추어졌습니다."

이처럼 좋은 질문은 생각하게 만들고 또 행동하게 만드는 가장 중요한 첩경이다.

〈그림 3-3〉

미래 창조의 조건

누구나 미래를 준비할 수 있음
단, 여기에는 다음과 같은 조건이 충족되어야 함

상상력 Imagination 을 이용하고

+

새로움 Novelty를 활용하며

+

상식에 반하는 **부조리를 수용**하고

+

현실감 Sense of realism을 활용할 수 있어야 함

→ Future

미래 창조를 위한 상상력과 현실력

이번에는 미래 창조를 위한 자신의 상상력과 실제를 파악하는 현실력을 논의해 보자. 우리는 현재 속하고 있는 대학이라는 조직을 떠나면 사회로 나간다. 그런데 준비되지 않은 상태에서 미래가 오는 것은 누구에게나 대단히 곤혹스럽다. 그렇다면 미래는 어떻게 준비할 수 있는가?

미래를 준비하는 데는 상상력을 이용하는 것이 가장 좋다. 왜냐하면 상상력은 누구나 가지고 있는 잠자는 거인이기 때문이다.

자, 이제 상상력을 활용하여 미래를 창조하는 단계를 살펴보자. 1) 우선 우리는 자신의 내면에서 잠자는 거인인 상상력을 일깨워야 한다. 2) 미래에 대한 준비는 '새로운 것' Novelty에 대한 추구이다. 여기서 말하는 새로운 것이란 낯선 것으로 지금까지 반복되었기 때문에 잘 알고 있는 것이 아니라 낯설고 새로운 아이디어, 지식, 역량을 의미한다. 3) 상식에 반하고 또 부조리한 것도 수용하는 아이디어를 발상하는 능력이다. 상식에 입각하면 기발하고 새로운 아이디어를 발휘하기가 어렵다.

경우에 따라서는 논리가 맞지 않아도 좋으니까 기존에 없던 아이디어를 발상해 보자. 4) 이 같은 아이디어가 실현가능하려면 현실성(sense of realism)에 바탕을 두어야 한다. 왜냐하면 현실에 바탕을 두지 않은 상상력은 사상누각이 되기 때문이다.

〈그림 3-4〉

10년 후 내자신을 그려본다

10년 후,

당신은 어떤 일을 하면서
어떻게 즐거운 시간을 보내고 있을 것인가.

⋮

10년 후,

자기 자신이 되고 싶은 「나의 꿈」을 생각해 보세요.

⋮

10년 후,
당신은 ___________세

10년 후 내 자신을 생각해본다

자 그러면 10년 후에 내 자신의 모습을 한 번 그려보자. 이처럼 아직 일어나지 않은 현실을 상상력을 동원하여 그려보는 것이 정신분석학에서 말하는 미래에 대한 투사(投射:Projection)이다.

'10년 후 나는 어떤 일을 하면서 시간을 보내고 있을 것인가?' 이를 위해서 10년 후에 되고 싶은 나의 꿈을 생각해 보자. 자 10년 후 당신은 몇 살이 되는가? 꿈을 생각하는 것은 아름답고, 의미 있고, 또 귀중한 일이 아닐 수 없다. 꿈이 없는 사람처럼 불행한 사람은 없다.

지금 부터 10년의 세월이 흐른 후에 나는 내 시간을 어떻게 보낼 것인지, 어떤 일을 하고 있을 것인지. 그리고 어떻게 즐겁게 지낼 것인지 등을 노트에 기록해 보자.

요즘 젊은이들은 메모나 기록을 하지 않는 것을 보면 정말로 놀랄 일이다. 그런데 학습은 머리로 하는 것이 아니라 손으로 하는 것이다.

특히 즉시 하는 메모야 말로 앞에서 말한 질문력과도 직결된다. 여러 가지 색을 결합하여 메모하는 것은 좋은 습관이다. 따라서 메모하는 방법으로 3색 볼펜을 추천하고 싶다. 즉 까만색, 파란색, 빨간색으로 된 볼펜을 이용하는 기록법을 "삼색 볼펜 노트법" 이라 부른다.

메모 및 기록을 할 때 여러 가지 색깔은 결합시키면 우리 눈이 지각하기에 편리하다. 눈이야 말로 중요한 정보를 파악하는 감각기관이기 때문에 컬러를 이용한 시각화를 활용하자.

〈그림 3-5〉

변화의 빙산 모델

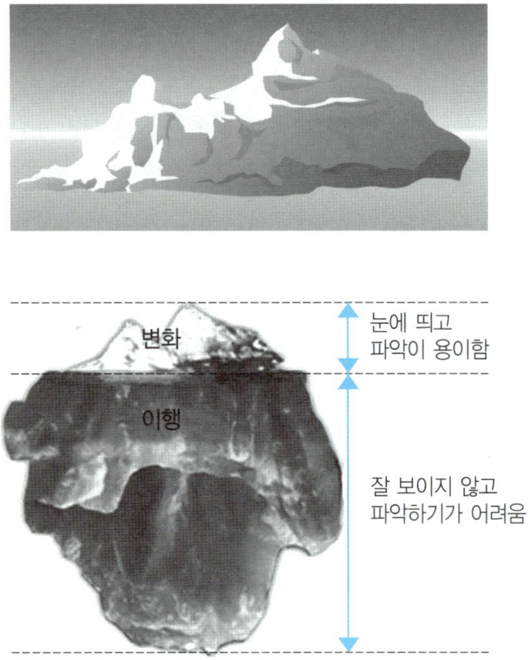

빙산모델

빙산을 본적이 있는가? 1920년대 해상에서 일어난 대형 사고를 다룬 영화 타이타닉은 영국 런던에서 미국 뉴욕으로 가는 선박이 빙산과 충돌하여 일어난 것이다. 빙산은 바다 위에 떠 있는 부분만 우리에게 보인다. 파란 바다와 흰 빙산이 조화되어 얼마나 멋지고 아름다운가.

그런데 물 위에 떠있는 부분은 전체빙산의 단지 4~5% 밖에 되지 않는다. 나머지 95% 이상은 바다 속에 있다. 따라서 바다에서 빙산과 가까이 항해하는 대형 선박은 대단히 위험하다.

조직심리학에서 변화를 말할 때 빙산 모델을 항상 언급한다. 우리가 성공 취업을 하기 위해 행하는 여러 가지 준비 활동은 마치 바다 위에 떠있는 빙산의 5%처럼 파악이 가능한 부분이다. 다시 말해 취업 역량을 높이기 위해서 하는 스펙을 쌓는 여러 가지 활동들은 눈에 쉽게 띈다. 이는 마치 바다위에 떠 있는 빙산의 5%와 같다.

그러나 나머지 95%에 해당되는 바닷물에 잠겨있는 영역을 효과적으로 다루지 않으면 성공하기 어렵다. 또 바다 속에 잠겨있는 부분은 소프트한 심리적인 요소로 구성되어 있기 때문에 잘 보이지도 않고 또 잡히지도 않는다.

바다 위에 떠 있는 부분이 이성과 관계된다면 바다 속에 있는 물밑의 부분은 감성과 관계된다.

이처럼 잘 보이지도 않고 또 파악하기도 어려운 이 영역을 성공적으로 다루지 않으면 우리는 원하는 목표를 달성할 수가 없다.

Smart Organizational
Psychology

인생에서 성공이란 무엇인가? 나라와 문화에 따라서 성공에 대한 정의가 다르다. 성공의 기준은 무엇인가? 세계에서 가장 잘 사는 나라인 룩셈부르크와 노르웨이 그리고 스위스 등의 국민소득은 10만 달러를 넘어섰다. 석유 산유국인 쿠웨이트의 국민 소득 역시 10만 달러가 넘는다. 이에 비해 한국은 아직도 2만 달러 고지를 오르내리고 있다. 인도의 국민소득은 2천 달러가 채 안 된다. 그러면 어떤 나라 국민들이 가장 행복할까? 소득이 낮은 인도의 행복 지수는 어떤 나라보다 높다. 이는 아마도 심리적 정신적 행복지수일 것이다. 이처럼 물질적 행복과 정신적 행복, 심리적 행복은 서로 다르다. 개인 차원에서 행복의 구성 요소를 살펴보자. 행복하려면 1) 건강이 가장 중요하다. 아픈 사람은 행복할 수 없기 때문이다. 2) 어느 정도의 재력 즉 부Wealth를 들 수 있다. 3) 인간은 사회적 동물이기 때문에 부모, 자식, 이웃 등과 이룩하는 인간관계Relationship가 빠질 수 없다.

Chapter 4

개인변화의 심리적 역동

인생에서 성공

사고(思考)테스트 : 개인변화

자기 변화의 심리적 역동

윌리엄 브리지스 William Bridges【변화모델】

변화의 심리적 역동 I

변화의 심리적 역동 II

변화의 심리적 역동 III

변화의 심리적 역동 IV

개인변화의 원칙

변화 모델의 3 유형

변화에 대한 반응 구도

변화에 대한 공식

변화에 대한 새로운 접근법

개인 변화의 포인트: 긍정적 자기 개발

개인 변화 프로젝트

팀 변화 프로젝트

〈그림 4-1〉

인생에서 성공이란

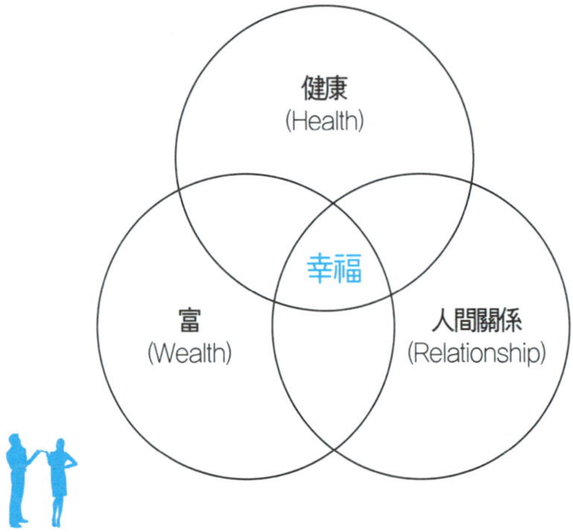

행복을 찾는 사람은
건강, 부, 인간관계 3영역에서 성공!!

인생에서 성공

인생에서 성공이란 무엇인가? 나라와 문화에 따라서 성공에 대한 정의가 다르다. 성공의 기준은 무엇인가? 세계에서 가장 잘 사는 나라인 룩셈부르크와 노르웨이 그리고 스위스 등의 국민 소득은 10만 달러를 넘어섰다. 석유 산유국인 쿠웨이트의 국민 소득 역시 10만 달러가 넘는다. 이에 비해 한국은 아직도 2만 달러 고지를 오르내리고 있다. 인도의 국민소득은 2천 달러가 채 안 된다. 그러면 어떤 나라 국민들이 가장 행복할까? 소득이 낮은 인도의 행복 지수는 어떤 나라보다 높다. 이는 아마도 심리적 정신적 행복지수일 것이다. 이처럼 물질적 행복과 정신적 행복, 심리적 행복은 서로 다르다. 개인 차원에서 행복의 구성 요소를 살펴보자. 행복하려면 1) 건강이 가장 중요하다. 아픈 사람은 행복할 수 없기 때문이다. 2) 어느 정도의 재력 즉 부Wealth를 들 수 있다. 3) 인간은 사회적 동물이기 때문에 부모, 자식, 이웃 등과 이룩하는 인간관계 Relationship가 빠질 수 없다.

행복과 노화와는 상관이 대단히 높다. 인간의 자연적 라이프 사이클에서 나이 들어서 마침내는 죽는 것은 누구나 피하기 어렵다. 이제 노화와 관계되는 퇴직 및 정년과의 관계를 살펴보자. 한국은 OECD 국가 중 어느 나라와 비교하여도 퇴직연령이 가장 빠르다. 필자가 잘 아는 모 회사 부장은 45세에 정년퇴직하였다. 회사에 들어간 나이가 25세였기에 딱 20년 근무하고 나온 것이다. 그런데 지금 46세가 된 이 부장은 높아만 가는 평균 수명 덕분에 85세 내지 90세까지 산다면 퇴직 후 사망할 때까지 40년 내지 45년을 더 살아야한다. 따라서 적당한 재정력 즉 부(富)는 대단히 중요하다. 부는 또한 사람을 자유롭게 만들어 준다. 즉 부가 있으면 남의 힘과 능력을 빌릴 수 있기 때문에 자기 자신은 자유와 여유를 가질 수 있다. 그래서 "Wealth makes people free", 즉 "돈이 있으면 자유를 즐길 수 있다"라고 말한다. 그 다음으로 중요한 것으로 나와 부모님, 친구, 동료 그리고 초 · 중 · 고 대학에서 사귀었던 사람들과의 인간관계를 들 수 있다. 인간관계가 어떻게 정립되느냐는 행복과 깊은 관계가 있다. 결국 행복을 찾는 사람은 건강, 부, 인간관계 이 세 영역에서 성공해야 한다.

얼마 전 베스트셀러였던 『시크릿』이라는 책과 같은 내용의 DVD가 있었다. 『시크릿』의 내용은 행복 추구에 대한 성공한 여러 전문가들의 의견을 축약하였다. 이들의 직업을 보면 심리학자, 펀드매니저, 철학자, 대학교수 등이 있었고. 자신들의 성공과 행복추구에 대한 소프트한 측면 즉 희망, 소망, 의지 그리고 우주의 법칙 등에 대해 개인적 체험내용들을 들려주고 있다.

〈그림 4-2〉

사고(思考)테스트 1

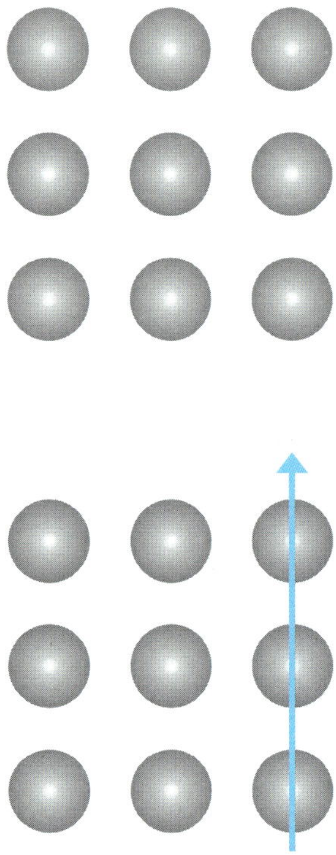

사고(思考)테스트 : 개인변화

다음에 제시된 것은 사고 테스트이다. 개인변화를 하기 위해서 당신은 유연하게 생각할 역량이 있는 가를 테스트해 보자.

좌측 페이지에 아홉 개의 점이 있다. 직선을 연속해서 네 번 움직여서 9개의 점을 통과시켜보자. 이때 직선을 다섯 번 사용해도 안 되고 선을 그릴 때 중단했다가 다시 그려도 안 된다.

반드시 연속해서 네 번을 직선으로 움직여야 한다. 이 실습을 할 때 노트에 9개의 점을 그려놓고 실제로 해 보는 것이 중요하다. 손가락으로 허공에다 그려서는 절대로 이 과제를 풀 수 없다.

초반 3분 이내에 정답을 얻지 못하는 사람은 이 과제를 해결하는 데 3일이나 걸린다. 이제 힌트를 하나 주겠다. 9개의 점 내에서 이 과제를 풀려고 하면 절대로 풀리지 않는다. 점 밖으로 선을 길게 그려서 문제를 보라. 그러면 전혀 다르게 보일 것이고 해결 방안이 나올 것이다.

〈그림 4-3〉

사고(思考)테스트 2

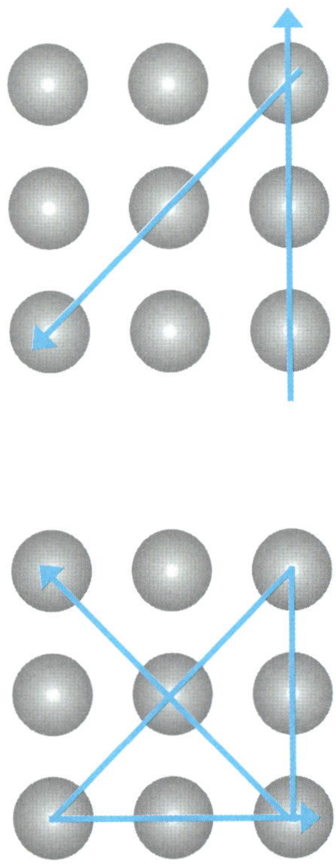

자기 변화의 심리적 역동

자기 변화의 심리적 역동을 다루어보자. 여기서 말하는 심리적 역동이라는 것은 변화와 관련해서 마음속에서 일어나는 다양한 현상을 말하는 것으로 예컨데 심리적, 의식적 그리고 무의식적 현상 등이 모두 해당된다. 그런데 심리적 역동을 체계적으로 다루어야 성공적인 자기변화가 가능하다.

윌리엄 브리지스 William Bridges【변화모델】

자기변화의 심리적 역동을 변화관리 컨설턴트인 윌리엄 브리지스의 설명을 통해서 살펴보자. 그는 변화관리 분야인 체인지 매니지먼트 영역에서 컨설팅을 하는 미국의 유명한 컨설턴트이다. 그는 IBM, 모토로라, 인텔, 프로터 & 겜블 등 세계적인 다국적 기업의 체인지 매니지먼트를 도와주고 있다. 많은 대기업 조직들이 혁신하고, 변화하고, 그리고 인간관계를 개선할 때 그의 이론과 연구를 활용하고 있다.

조직이 여러 가지 이유에서 변화를 시작할 때 최종목표는 눈에 보이는 성과인 변화된 상태 및 결과를 기대한다.

이를 빙산모델에 비교하면 바닷물 위에 떠있는 빙산 부분에 해당되는 눈으로 볼 수 있는 성과, 즉 가시적 변화를 추구한다. 그러나 눈에 보이는 변화결과를 얻기 위해서는 바닷물 속에 잠겨 있어서 눈에는 보이지 않는 이행(Transition; 移行)을 잘 다루지 않으면 성공할 수 없다. 여기에서 변화와 관련된 4가지 심리적 현상인 거부, 저항, 탐색, 몰입이 나온다. 이를 좀 더 자세히 살펴보자.

변화를 추진할 때 대다수 조직성원들의 첫 번째 단계에 나타나는 반응은 거부이다. 다시 말하면 성원들은 "내가 무엇을 잘못했는데?" "왜 내가 변화를

〈그림 4-4〉

변화의 심리적 현상

✚ 최근에 내가 한 변화에 대해서 기록해 보자

해야 되는데?" "변화는 나와는 관계없어" 등으로 반응하는 것이 허다하다. 특히 안락한 영역Comfort Zone을 벗어나는 것을 싫어하는 것이 인간의 본능이기 때문에 변화는 안락한 영역을 벗어나야 하니까 특히 이 같은 거부가 나타나기 마련이다.

두 번째 단계 변화에 대한 저항이다. 이는 구성원들이 자신의 행동, 태도 그리고 가치관 등이 모두 과거에 앵커링 Anchoring하고 또 내부적인 것에 초점을 맞추기 때문에 변화 자체에 대해서 저항을 한다. U자형의 변화 프로세스인 거부단계와 저항단계가 성공적으로 끝나면 그 다음 차례로 제3단계로 넘어가게 된다.

이 단계까지 성공적으로 나아가면 조직원들은 과거 보다 미래를 보고, 외적 요인을 살펴보면서 자기중심이 아니라 타인중심으로 조직을 볼 수 있는 탐색 단계로 진입한다.

이 단계에 오면 조직성원들은 변화를 수용하고 이것은 피할 수 없는 것이라고 받아들이기 시작하는 단계이다. 마지막 단계, 즉 4단계가 몰입이다.

이 단계는 성원들이 이제는 변화를 받아들이기 때문에 변화와 관련된 새로운 창조적 아이디어를 내고 어떻게 하면 성공적으로 변화를 마무리할 것인가에 초점을 맞춘다.

윌리엄 브리지스는 변화의 4단계, 즉 거부, 저항, 탐색, 몰입의 각 단계를 부드럽게 넘어가는 변화 과정을 조직들은 드물다고 주장하고 있다. 왜냐하면 조직들은 거부에서 저항으로 나아갔다가, 저항에서 다시 거부로 되돌아가고, 거부, 저항 탐색까지 갔다가 다시 처음으로 되돌아 오는 경우도 있기 때문이다.

개인 변화뿐만 아니라 가정 변화, 기업변화, 국가 변화 등도 모두 이 같은 과정을 밟는다.

〈그림 4-4-1〉

변화모델 제1단계

✚ 전형적 반응

· 변화를 '쇼크'로 받아 들이고 위협으로 지각함
이때는 변화 그 자체를 거부함

· 갈등이 점차 커지고 생산성이 떨어짐

· 주의력이 산만해지며 망각을 잘함

변화의 심리적 역동 I

변화 모델 각 단계를 구체적으로 살펴보자. 제1단계는 변화에 대한 거부이다. 이 때 성원들이 보이는 전형적인 반응은 변화를 쇼크로 받아들이는 것이다. "야 이거 큰일 났구나" 하는 식으로 변화를 받아들인다.

이처럼 변화를 쇼크로 보면 위협으로 지각하기 쉽다. "큰일 났구나! 변화하면 나는 죽는데"와 같은 생각이다. 그래서 사람들은 변화 그 자체를 거부하기 시작한다. 이 같은 상황이 나타나면 조직 내의 구성원들 간에 갈등이 점차 증대하기 때문에 생산성이 떨어진다. 개인적으로는 자기 업무에 집중도가 떨어지기 때문에 생산성도 저하된다. 팀이나 조직의 생산성 역시 떨어지게 마련이다.

이와 동반하는 현상으로는 주의가 집중되지 않고 산만해지고 잘 잊어버리는 망각 현상까지 나타나기 시작한다.

〈그림 4-4-2〉

변화모델 제2단계

제2단계

저항

✚ 전형적 반응

· 분노, 좌절, 후회 등과 같은 반응이 복합적으로 나타남

· 친숙한 과거의 방식을 고수하고자 노력함

· '과거에 해오던' 방식으로 일을 하고자 함. 그러나 곧 분노하거나 또 좌절하게 됨

· 이 단계에서 다시 제1단계로 원 위치하여 되돌아 감

변화의 심리적 역동 Ⅱ

제2단계인 저항 단계에서는 어떤 심리적 반응이 일어날까? 이 단계에서 보이는 반응은 변화에 대해서 분노하고, 좌절하고, 후회하는 복합적 심리적 현상이다.

분노하는 이유는 '왜 하필 내가 변화의 대상이 되어야 하는가', 좌절하는 이유로는 '내가 못나서 그렇지' 라는 생각을 가지기 때문이고, 후회를 한다는 것은 '내가 그 때 그렇게 행동을 하지 않았더라면 이 같은 사태가 오지 않았을 텐데' 와 같은 반응과 연결되어 나타난다.

저항 단계에서 사람들은 자기가 잘 알고 있는 친숙한 과거 방식을 지키고 또 고수하고자 노력한다. 이때 사람들은 과거에 머물러 있으면 좋겠다고 생각한다. 이같은 생각은 과거를 버리지 않고 붙들어 매어두고 싶은 심리를 의미한다. 그 결과 과거에 해오던 방식대로 계속해서 일을 하고 싶어 한다.

그러나 과거에 하던 방식이 이제부터는 더 이상 통하지 않기 때문에 변화를 해야 하는데, 이것이 잘 되지 않기 때문에 화를 내고, 분노하고 나아가 좌절하게 된다.

〈그림 4-4-3〉

변화모델 제3단계

제3단계

탐색

✚ 전형적 반응

- 상실에 대해 비관이나 슬픔을 표현하지만, 변화가 가져다 줄 가치와 의미를 새롭게 인식하기 시작함.
- 새로운 가능성에 대해 정보를 수집하고 또 탐색함

변화의 심리적 역동 Ⅲ

3단계인 탐색 단계가 되면 어떨까. 탐색 단계는 1, 2 단계를 지나서 이제 변화를 기정사실로 받아들이기 시작하는 단계라고 볼 수 있다. 즉 상실에 대한 비관이나 슬픔을 표현하지만 변화가 가져다 줄 가치와 의미도 이제부터 새롭게 생각한다.

"어쩔 수 없지만 지금부터는 새롭게 임해야 되겠구나."라든가 "그렇게 하지 않으면 안 되는구나" 하는 식으로 변화를 받아들이게 된다. 이왕 이렇게 된 바에야 이제부터 변화에 대한 새로운 가능성에 대한 정보도 수집하고, 새로운 지식도 찾아서 학습하기 시작한다.

〈그림 4-4-4〉

변화모델 제4단계

✚ 전형적 반응

- 새로운 행동 방식을 찾아냄
- 변화에 익숙해지면 직무에 대한 융통성, 창의력 및 위험 감행 등도 증가함
- 변화를 더 이상 변화로 보지 않음, 그 대신 변화야 말로 조직에서 일을 할 때 늘 적용되는 정상적인 방법으로 보기 시작함

변화의 심리적 역동 IV

제4단계인 몰입 단계를 살펴보자. 몰입 단계에서는 변화를 완전히 받아들이기 때문에 과거와는 다른 새롭게 일하는 방법을 찾기 시작한다. 즉 변화는 이제 피할 수 없는 사실이고, 그래서 어떻게 하면 성공적으로 변화를 할 것인지를 생각한다. 또 한다고 받아들인다. 이 단계에서는 융통성, 창의력, 위험 감행 등도 빈번히 나타나기 시작한다. 사람들이 융통성을 갖게 되고, 그 결과 새롭고, 다르고, 또 유용한 아이디어를 내는 창조력을 발휘하기 시작하면 지금까지 두려워했던 위험 감행Risk taking도 시도하게 된다. 나아가 이 단계부터는 변화 자체를 조직에서 일을 할 때 늘 해야 하는 것, 즉 일상적인 것으로 보기 시작한다.

글로벌 기업인 네덜란드의 Philips를 컨설팅 할 때 그 회사 임원은 "한국 회사를 보면 참 재미있습니다. 변화 관리를 늘 하기 때문에 모든 게 다 변함에도 불구하고 실제로 바뀌는 것은 하나도 없습니다."라고 언급하였다.

또 변화에 대한 재미있는 이야기 중 하나로 LG그룹 전 회장 구자경 씨의 스토리가 있다. 이 분은 변화를 설명할 때 "바다 메기론"을 종종 소개하였다. 메기론은 사실 다른 원천에도 자주 나오는 스토리로 다음과 같다: 영국의 어떤 어부는 바다에서 잡아온 물고기를 육지까지 실어 오는데 한 마리도 죽이지 않고 살려서 데리고 왔다. 그런데 다른 어부들은 육지에 도착하면 이미 고기들이 죽어 있어서 제 값을 못 받는데 이 어부만 어떤 연유인지 비싼 가격을 받을 수 있었다. 그래서 동료들이 어떻게 하면 바다에서 잡은 물고기를 산 채로 육지에 수송해서 제값을 받느냐고 물어보았지만 그는 안 가르쳐 주는 것이다. 그 이유는 이들이 바로 사업상 경쟁자였기 때문이다. 그런데 이들 친구 어부들은 부탁을 하고, 술도 사고, 밥도 사고 하니까 비밀을 얘기할게 하면서 동료들을 자신의 배로 데리고 갔다. 그의 배에는 물고기를 잡으면 넣어두는 선창 밑바탕의 큰 통 안에 커다란 바다 메기가 두 마리 움직이고 있었다. 이 바다 메기는 물고기를 잡아먹는 시커멓고 무시무시한 킬러로 잡힌 물고기가 넓은 바다에서 좁은 통속에 들어오게 되면 세상을 하직할 준비를 하게 되는데 그 때 바다 메기가 버티고 있으니 살아남으려고 계속 도망 다니다가 육지에 도착할 때까지 죽지 않는다는 것이다. 사람도 예외가 아니다. 조직의 리더는 변해야 하는 환경을 창출하는 역량이 중요할 뿐만 아니라 이와 동시에 바다메기 역할도 함께 해야 한다. 즉 사람은 안락하고 편안한 영역에 정착하려 하는 것이 본능이 있기 때문에(Comport zone) 가끔씩 바다메기 같은 자극을 주는 것이 필요하다.

이런 의미에서 삼성의 이건희 회장은 탁월한 리더인 것이 틀림없다. 왜냐하면 항상 위기의식을 불러일으키고 이것을 성과와 연결시키는 데 어느 누구보다 탁월하기 때문이다.

〈그림 4-4-5〉

개인변화의 원칙

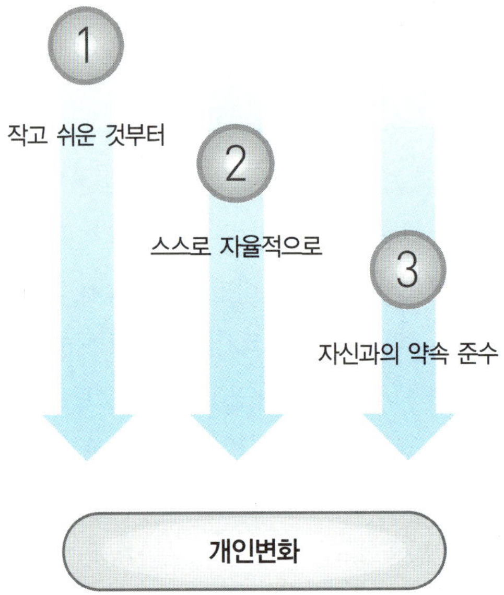

개인변화의 원칙

개인변화의 원칙을 한 번 살펴보자. 첫째, 작고 쉬운 것부터 시작해야 한다. 처음부터 크고 엄청난 변화를 시도하면 성공하기 어렵다. 성공이 성공을 낳기 때문에 아주 작은 것을 성공하고 그 다음에 조금 더 큰 것 그리고 점차 더 큰 것으로 변화 과정을 받는 것이 중요하다.

둘째, 스스로 또 자율적으로 해야 한다. 이는 자기가 주체가 되어서 하라는 말이다. 타율적으로 남이 하라고 해서는 성공적인 개인 변화가 이루어지지 않는다. 신바람이 나지 않는 타율에 의한 변화야 말로 사람들은 하기 싫어하고, 귀찮아하고, 뒤로 미루게 마련이다.

셋째, 자기 자신과의 약속 준수이다. 내가 바뀌고 다르게 하겠다고 약속을 해 놓고도 다른 사람은 속일 수 있다. "실제로 하지 않고서 했다"라고 말하면 타인은 속을지도 모른다. 그러나 자기 자신을 속일 수는 없다. 우리 중에 담배를 피우는 사람이 "금연을 하겠다."라고 한다면 이것 역시 하나의 개인 변화이다. 금연은 작고 쉬운 것이라고 볼 수도 있지만 경우에 따라서는 크고 어려운 것이라고 볼 수 있다.

흡연자가 자율적으로 담배를 끊는다는 것은 흡연이 몸에 좋지 않기 때문에 이제 그만 두겠다고 스스로 자기 자신과 하는 약속이다. 만일 누가 옆에서 "너 담배 끊어, 담배피우면 안돼"라고 하는 것보다 자기가 스스로 결심을 하는 것이 중요하다. 이것이 바로 자신과의 약속 준수이다.

넷째, 지금 당장 실시하는 것이다. 변화에 대한 약속을 해 놓고 내일부터 시작하겠다 또는 다음 주부터 아니면 다음 달부터 실천하겠다고 생각하면 이 계획은 이미 물 건너가기 십상이다. 즉각적 액션으로 연결되지 않으면 변화는 일어나지 않는다.

〈그림 4-4-6〉

변화 모델의 3가지 유형

개선적 변화 (Development)

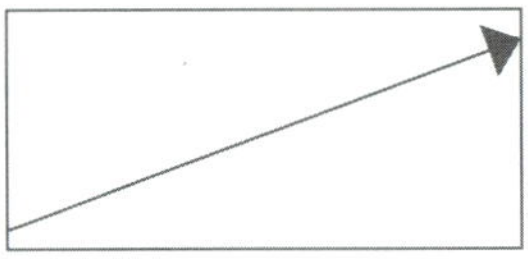

이행 (Transition)

혁신 (Transformation)

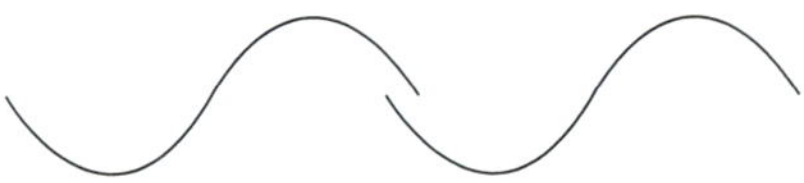

변화 모델의 3가지 유형

변화 모델은 3가지 유형으로 나눌 수 있다. 여기에는 ①개선적 변화, ②이행, ③혁신 등이 있다.

우선 개선적 변화는 조금씩 단계적으로 변화하는 과정을 말한다. 그러니까 일시에 엄청나게 변하는 양적 도약(Quantum leap)이 아니라, 아주 작은 정도의 변화를 조금씩 이룩하는 것을 개선적 변화라 한다.

그런데 실제 이 개선적 변화가 무서운 것이다. 즉 이들 가랑비에 바지 젖고 빗방울이 바위도 뚫는다는 옛말과 상통한다. 대표적인 예로 도요타가 자동차 업계에서 1등을 차지한 것도 개선을 통해서였다.

두 번째 이행적 변화Transitional change라는 것은 하나의 상태를 바꿔서 전혀 다른 변혁은 변화를 통해서 전혀 다른 상태로 바뀌는 것을 의미한다. 특히 변혁의 과정은 단절Ending, 중립지대Neutral Zone 그리고 새로운 출발New Beginning로 이루어져 있다.

이 변화 모델 3가지는 개인, 조직, 국가 차원 등이 변화할 때도 어김없이 해당된다.

〈그림 4-4-7〉

변화 모델의 리더와 멤버

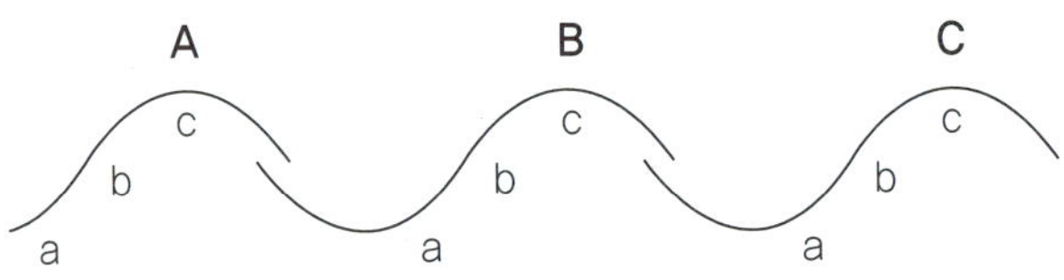

Transformational Leaders → A, B, C
혁신적 리더

Transitional Member → a, b, c
이행적 멤버

변화에 대한 반응 구도

성공적으로 변화를 하려면 변화에 대한 반응 원리와 반응 유형을 반드시 숙지해야 한다. 변화에 대해 반응하는 사람들에 대한 유형을 자세히 살펴보면 다음과 같다. 우선 선도자 즉 변화를 앞장서서 이끌어 가는 사람이 있다.

예컨대 신형 스마트 폰이 출시되면 줄을 서서래도 가장 먼저 사는 사람들이 여기에 해당된다. 다음은 초기 지지자이다. 이들은 다른 사람들보다 변화에 빨리 동참한다. 예컨대 선도자가 신형 스마트 폰을 구입하면 그를 따라 자기도 구입하는 사람이다. 마지막으로 동조자가 있다.

이들은 '남이 장에 가니까 나도 따라가는' 사람에 해당된다. 그런데 변화를 시도할 때 선도자, 초기 지지자 그리고 동조자까지가 변화추진 선두 그룹에 해당된다. 다음으로는 마지못해 따라가는 사람이 있다. 마지막에는 변화에 반대하는 사람 및 변화에 대해 불평불만을 하거나 또 회의하는 사람이 있다.

여기서 말하는 반대하는 사람이란 노골적으로 변화에 대해 반대하고 다니는 사람이다. 또 회의하는 사람은 "변화, 잘 안될걸! 그게 될까?" 하는 의심을 갖고 있는 사람이다.

나아가 변화를 추진할 때 3가지 구도가 있다. 여기에는 변화의 정상적 구도, 성공적 구도 그리고 실패하는 구도로 나누어진다.

우선 정상적 구도란 추진하는 대부분 변화가 여기에 해당된다는 의미를 가진다. 이 같은 정상적 변화 구도를 성공적으로 유도하거나 아니면 실패하도록 유도하는 것이야 말로 '변화 관리 역량'이다.

정상적인 변화 구도를 살펴보자. 이때는 변화참가 대상의 5%가 선도자 집단, 10%가 초기 지지자 집단이며, 마지막으로 동조자가 35%로 구성된다. 이 경우 50%가 변화에 긍정적으로 임하는 조직구도인 셈이다. 그런데 5% 선도자

성공변화의 구조도

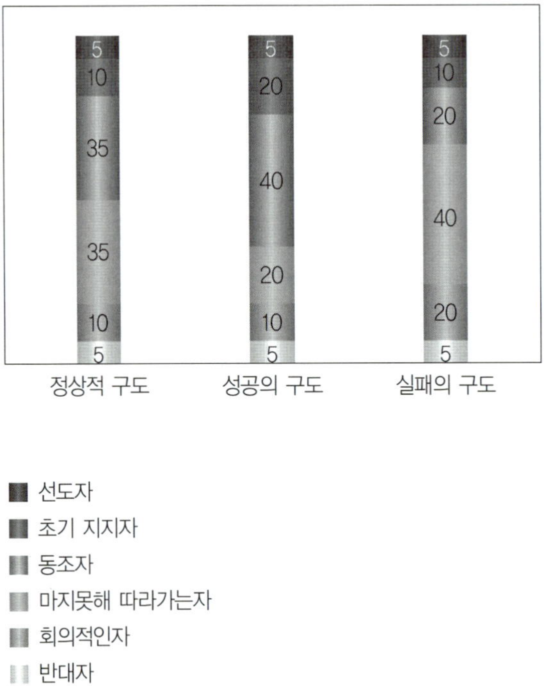

5
10
35
35
10
5
5
20
40
20
10
5
5
10
20
40
20
5
정상적 구도
성공의 구도
실패의 구도
선도자
초기 지지자
동조자
마지못해 따라가는자
회의적인자
반대자

는 그대로 두고 20%의 초기 지지자를 획득하는 것, 즉 정상 구도에서 10%를 더 보태는 경우 그리고 동조자를 40%까지 얻는 경우에는 변화가 성공적으로 이루어진다.

다시 말해 통상적인 정상구도에서는 50%가 변화에 대해 찬반으로 나누어지는데 성공적으로 변화하는 하려면 65%가 변화를 지지하는 쪽에 참여하게 되는 것이다. 이와 반대로 65%가 변화에 반대하는 쪽에 서는 경우가 바로 실패 구도다. 조직을 이끌어가는 리더가 될 때 이 모델을 반드시 알아야 한다. 변화 추진 역량은 크고 작은 모든 조직의 리더뿐만 아니라 병원, 대학, 기업, 그리고 NGO, 단체장 나아가 지자체장 및 대통령도 반드시 숙지해야 할 핵심 스킬이기 때문이다.

〈그림 4-4-8〉

변화의 공식

변화의 공식

$$C = D \times G \times P \times S \times R$$

C : 변화
D : 현 상황에 대한 부정적 인식
G : 명확한 목표 및 대안의 제시
P : 행동으로 옮기는 실질적 행동조치의 숙지
S : 가용한 지원 시스템의 구축
R : 변화에 대한 저항

변화는 D×G×P×S가 R보다 클 때 시작될 수 있다.

변화에 대한 공식

개인, 팀, 가정 그리고 조직이 변화를 시도할 때 MIT대학의 리차드 베커Richard Becker교수가 제안한 변화 공식이 있다. C = D×G×P×S 〉 R. 이때 C는 Change이고, R은 변화에 대한 저항(Registence)이다. 이제 D, G, P, S를 곱한 것이 R인 저항보다 더 커야지 변화가 이루어진다.

각각의 영문 글자를 살펴보면 D는 현재에 대한 불만족Dissatisfaction을 의미하고. G는 명확한 대안을 제시하는 목표Goal를 말한다. P는 행동으로 옮기는 실질적인 조치Process에 대한 숙지 즉, 어떤 단계를 걸펴서 변화를 할 것인가를 다루고, S는 가용자원Source 의미한다. 특히 S는 변화에 필요한 인적 자원 및 물적 자원 그리고 조직에서 제공하는 지원Support도 포함된다. 이 공식이 재미있는 것은 D×G×P×S는 곱하기가 되기 때문에 어느 하나 영(Zero)이 되면 전체가 무산되는 즉 변화는 실패한다는 것이다. 결국 각 요소들을 곱한 것이 저항보다 커야만 변화가 이루어질 수 있다.

〈그림 4-4-9〉

변화에 대한 새로운 접근법

1. 변화는 나부터 시작

2. 팀변화와 조직변화 : 일상적인 일

3. 변화모델 : 단계를 이해하고 착수하자

4. 상호변화 : 혼자는 변화하지 못한다

5. 자기변화 : Action Plan을 짜라

변화에 대한 새로운 접근법

자, 변화에 대한 이해를 다시 한 번 정리해 보자. 변화는 나부터 시작해야 한다는 것, 이것은 아무리 강조해도 지나치지 않는다. 그 다음 개인 변화에서 출발하여 집단 내지는 팀 그 다음에 조직변화로 나아가야 한다. 변화를 시작할 때 일상생활에서 하는 아주 작은 행동을 가지고 시작하는 것이 좋다.

예를 들면 아파트에 사는 사람들인 출입구 신발들이 질서정연하게 정돈되지 않은 경우가 많다. 오늘부터 변화시키고자 하는 것은 현관입구 신발들을 가지런히 정리하는 것이라면, 이는 훌륭한 변화 목표인 셈이다.

이처럼 변화는 누구나 할 수 있는 아주 작은 것으로부터 시작하는 것이 좋다. 조직에서 변화 추진자는 변화 모델이 제시하는 각 단계를 숙비하고 시작하는 것이 좋다. 변화에 대해 성원들이 보이는 거부, 저항, 탐색, 몰입 등과 반응과 해당 단계를 모르고 추진한다면, 원하는 결과를 얻기 어렵다.

변화는 구성원들이 함께 추구해야 한다. 남들은 동조하지 않는데 혼자서는 변화하고자 하는 것은 상당히 어렵기 때문에 함께 변화를 시도해야 한다. 따라서 개인 변화보다 집단이나 팀 변화가 더 용이하다.

개인 변화인 경우에는 외부에서 변화 동기를 부여하는 외적 동기보다 스스로 자기가 동기를 부여하는 내적 동기가 더 중요하다. 나아가 자기 변화를 위한 구체적인 행동 계획(Action plan)을 짜야 한다. 다시 말해 변화를 하고자 한다면 시간 계획을 포함하여 구체적인 이정표(Roadmap)를 짜고 이것과 행동 계획(Action Plan)과 연계시켜서 실행해야 한다.

〈그림 4-4-10〉

긍정적 자기 개발

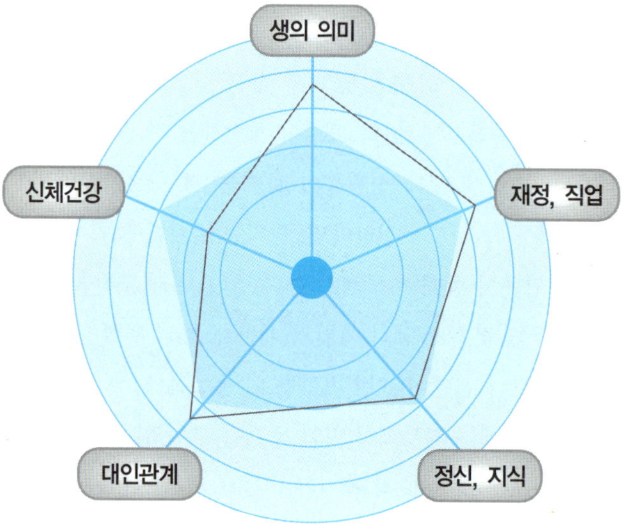

개인 변화의 포인트: 긍정적 자기 개발

개인 변화의 포인트를 살펴보자. 우리는 다음의 같은 내용을 자기 인생에서 중요한 요소로 고려할 수 있다.

첫째는 "나는 인생을 통해 무엇을 이룩하고 또 달성하고 싶은가"이다. 이것은 자신의 생을 통해 이룩하고 싶은 것 또 성취하고 싶은 것을 다루는 "생의 의미추구"에 해당된다. 『죽음의 수용소에서』라는 유명한 책을 저술한 오스트리아의 정신분석학자였던 빅터 프랭클(Viktor Emil Frankl)은 나치 독일의 그 악독한 강제 수용소에서 살아남았다. 그는 자신이 28 대 1이라는 낮은 수용소 생존확률에서 살아남은 것은 자신이 가진 "인생의 의미 추구"라고 가르쳤다.

둘째, 자신이 하는 일이나 직업을 통해서 생활에 필요한 돈을 버는 재정적인 측면이다. 적절한 재정적 자립이 되지 않으면 이를 달성하기 위해서 노력하지 않으면 안 된다.

셋째, 자기 자신의 건강이다. 여기에는 신체적인 건강, 정신적인 건강, 그리고 심리적인 건강, 나아가 영적 건강까지도 포함된다. 특히 정신적 및 심리적 건강은 현대 사회에서 점차 더 중요하게 부각되고 있다.

네 번째는 대인관계가 인생에서 중요한 요소이다. 자신의 배우자, 자녀, 가족, 친척 그리고 친구 등과 이룩하는 인간관계야 말로 인생에서 중요한 요소가 아닐 수 없다.

이상의 4가지 요소가 상호 밸런스를 가지고 있는지는 우리가 자신의 인생을 살펴볼 때 대단히 중요하다.

〈그림 4-4-11〉

변화 프로젝트 단계

계획수립 단계

· 목표 :

· 심리적 참여 정도 :

· 나의 숙지도 :

· 타인을 참여시킬 방안 :

실행 단계

· 나의 실천 자발성 :

· 예상치 못했던 장애 요인 :

· 변화의 가속화를 위한 조치 :

성공적인 취업을 위해서 내가
"새롭고 다르게 시작하고 싶은 프로젝트"

개인 변화 프로젝트

이제 우리는 개인 변화 프로젝트를 한번 만들어 보도록 하자. 프로젝트 주제는 졸업 후 성공적인 취업을 하기 위해서 내가 지금까지와 다르게 즉 새롭게 시작해야 할 일이 무엇인가를 찾아보는 것이다.

우선, 계획 수립 단계와 실행 단계로 나누어서 접근해 보자. 성공적인 취업을 하기 위해서 어떤 목표를 설정해야 하는가. 그리고 자신이 설정한 목표에 대해서 얼마만큼 숙지하고 있는지를 파악해야 한다.

이 같은 활동을 혼자 하기 어려우면 타인을 참여시킬 방안은 없는지도 살펴본다. 이 경우 취업 준비를 위한 정보수집 같은 것이 타인과 함께 할 수 있는 좋은 예가 될 것이다. 어떻게 하면 취업활동을 위해서 효과적으로 정보를 모을 수 있을까가 여기에 해당된다.

내가 들어가서 일하고 싶은 기업이 정해진다고 해도 혼자서 이 조직에 대해 정보 수집을 하는 것은 결코 쉽지 않다. 특히 선배, 교수, 이웃 지인들도 참여시키는 것이 이 단계에 해당된다. 계획수립 단계가 실행 단계로 가는 것을 살펴보면 추진하고자 하는 자발성 즉, 이 일을 실천하려고 하는 의지가 중요하다.

나아가 실천해 나갈 때 장애 요인이 무엇일지에 대해서 예측하고 또 대비해야 한다.

〈그림 4-4-12〉

팀변화 프로젝트 단계

친구 및 동료들과 함께 "새롭고 다르게 시작하고 싶은 프로젝트"에 대해서 생각해 보세요. 이것은 성공 취업을 위한 팀 활동이 목적입니다.

계획수립 단계

· 목표는 정확하고 구체적인가?

· 목표설정 시 나의 심리적 참여 정도는?

· 설정된 목표를 내 자신은 충분히 숙지하고 있는가?

· 프로젝트 추진 시 참여시킬 사람이 있다면 그 방안은?

실행 단계에서

· 팀원들이 실행에 자발적으로 참여하는가?

· 예상치 못한 장애 요인이나 부정적인 상황에는 어떤 것이 있는가?

· 변화의 가속화를 위해서 취할 조치는 무엇인가?

팀 변화 프로젝트

이번에는 팀 변화를 다루어 보자. 친구나 동료들과 함께 팀을 만들어 무엇인가 새롭고 다르게 시작하는 프로젝트에 대해서 생각해 보자. 예컨데 성공 취업을 위한 팀 활동을 하고자 한다면 첫 단계의 목표는 기업에 대한 효과적인 정보수집이라고 할 수 있다.

팀은 내 자신뿐만 아니라 다른 사람들이 함께 만들기 때문에 팀 목표가 명확하고 구체적이어야 한다. 목표를 설정할 때에는 멤버의 심리적 참여도는 어떤지, 멤버들이 목표를 충분히 숙지하고 있는지 등을 명확히 해야 한다.

팀 프로젝트를 실시할 때는 멤버들을 어떻게 참여시킬지 그 방안도 구체화해야 한다. 다시 말해 팀 구성, 팀 분위기가 긍정적으로 되기 위한 팀빌딩 Team building을 하는 것도 필요하다. 다음에 실행 단계로 가면 팀원들이 자발적 참여를 할 것인지, 예상치 못한 장애요인이나 방해 요인이 있을 때는 어떻게 대처할 것인지, 나아가 변화 가속화를 위해서 취할 조치는 무엇인가 등을 팀 변화 프로젝트에서 구체적으로 다루어야 한다.

Smart Organizational
Psychology

지금까지 알고 있던 시간에 대한 개념을 새롭게 알아보고, 이를 통해서 추가적으로 확보한 시간을 성공적인 취업 준비에 활용하도록 하자. 미래를 구성하는 시간을 파악하고 미래가 가진 특성도 학습해 보자. 시간이란 과거, 현재 그리고 미래로 이루어진다. 세계 여러 나라에는 미래를 연구하는 조직뿐만 아니라 연구소가 상당히 많다. 그 예로 미국 샌프란시스코에 있는 GBN(글로벌 비즈니스 네트워크)은 미래에 대한 연구를 하는 특별한 조직이다. 회원으로는 각 분야 전문가들뿐만 아니라 노벨상을 받은 유명한 사람들도 있다. GBN멤버들은 미래에 대한 준비를 어떻게 해야 할까에 대해 체계적으로 연구하며 미래예측 방법으로 시나리오 플래닝을 개발하였다.

시간은 얼마나 잘 관리하느냐가 그 생명이다. 이를 위해 벨로시티(Velocity) 시간 관리와 시간 창조 SPA전략을 익혀서 시간 창조의 비밀을 파악해 보자. 벨로시티(Velocity) 시간 관리는 어떻게 하면 좀 더 효과적이고 효율적인 시간 관리를 할 수 있을까에 대한 기법을 다루고 있다면, SPA전략은 어떻게 하면 자기 시간을 확보할 수 있을까, 나아가 자신이 정신과 에너지를 집중하는 동안 타인으로부터 방해를 받지 않을까 등에 대해 다룬다.

Chapter 5

시간 리스트럭처링

시간과 개인변화

글로벌 시대의 무기: 시간

인생은 모래시계

시간 창조

시간 창조의 비밀 : 하루 중 하는 일에 대한 분석

자투리 시간 활용법

미래와 꿈

명언 I

명언 II

〈그림 5-1〉

시간과 개인 경쟁력

1

남들보다 빨라야 살아 남을 수 있다.

2

Fast Change : 시간을 자기 것으로 만들기 위해서 남들보다 먼저 움직여야 한다.

3

'먼저' 라는 자세와 마음가짐은 시간적 여유를 만들어 준다.

자기혁신은 작고 쉬운 것에서부터 시작 : "시간 창조"

시간과 개인변화

글로벌 시대의 무기는 시간이다. 시간은 한 번 가면 다시 돌아오지 않는다. 시간은 저축할 수 없고, 빌려 올 수도 없는 자원이다. 따라서 시간 창조의 비밀을 알고 있는 사람은 무한한 자원을 가지고 있는 셈이다. 특히 미래는 창조의 대상이지 두려움의 대상이 아니라는 사실에 입각하여 시간에 접근해 보자. 시간을 효과적으로 다루는 것은 미래 창조와 직결되고 이것은 개인의 비전 실현과 연결된다.

하버드대학의 심리학교수 엘렌 랑거Ellen Langer는 "의식을 집중한 사고" Concentrated thinking을 활용하는 것이 중요하다고 강조한다. 그녀는 우리가 의식을 집중하여 어떤 주제를 깊이 생각하면 상당히 많은 문제에 대해 해결방안을 찾을 수 있다고 주장한다. 랑거 박사는 자기 저서『마음의 시계(Counter Clockwise, 2009)』에서 이를 "의식 집중적 사고" Mindfulness라고 명명하며 "무심한 사고" Mindlessness와 비교해서 설명하고 있다.

그녀가 실시한 유명한 심리학 실험은 자원해서 참가한 70세 이상의 노인들이 1주일 동안 함께 머무는 수도원 방과 시설을 이들이 50세이던 20년 전에 유행하던 모습으로 바꾸어 놓는다. 예컨대, 음악, 신문기사, 그림 기타 장식물 같은 것들을 마치 20년 전으로 돌아간 것처럼 꾸며놓았다. 이처럼 시간을 되돌려 놓고 1주일을 지내 보니 이들 실험 참가자들은 심리적, 정신적, 그리고 신체적으로 더욱 젊고 긍정적으로 바뀌었다.

시간은 변화와 필수 관계이다. 이제 자기 자신의 장래와 미래를 어떻게 만들고 싶은지 생각해 보자. 먼저, 좌측 시트에 내가 만들고 싶은 내 자신의 미래에 대한 청사진을 한 번 적어보자. 이것은 "나는 이런 미래를 만들고 싶다" 이며, 이를 다르게 표현하면 "나는 장래에 이런 모습을 되고 싶다" 하는 것과도 상통한다. 어렵게 생각하지 말고, 자유롭게 자기가 생각하는 자신의 미래를 기록해 보자.

〈그림 5-2〉

나는 인생에서 무엇을 하기 위해 시간을 사용하고 있는가?

글로벌 시대의 무기: 시간

오늘날 가속화되는 글로벌리제이션 시대의 최대 무기는 바로 시간이다. 이제 시간과 연관된 내용을 살펴보자.

첫째, 남들보다 빨라야 살아남을 수 있다. 대다수 기업의 경영 이념은 '스피드 경영' 이다. 따라서 천천히 변화하는 것은 변화하지 않는 것과 같다Slow change is no change라고 생각한다.

두 번째, 빠른 변화Fast change를 하는 조직이 그렇지 않는 조직을 지배한다. 특히 시간을 자기 것으로 만들기 위해서는 빨리 움직여야 한다. 이처럼 시간은 생사 여부와 직결된다. 개인과 조직은 공히 남보다 한 걸음 더 먼저 변화해야 비로소 살아남을 수 있다.

셋째, '먼저' 라는 자세와 마음가짐은 우리에게 시간적인 여유를 만들어 준다. 내가 먼저 목표에 도달하면 다음 사람이 목표에 올 때까지 시간적 여유가 있을 뿐만 아니라 마음의 여유와 평화를 느낄 수 있다.

〈그림 5-3〉

인생은 모래시계

1 **한국인의 평균수명**

남 : 78세 여 : 82세

이 수명 이상을 사는 사람

남성 : 3명중 1인
여성 : 2명중 1인

2 **여러분의 현재 나이는 ?**

40세가 넘는 사람은 마라톤 42.195KM의 반을 더 달린 셈이다.

3 **56세인 사람은 앞으로 밥을 몇끼나 더 먹을수 있을까?**

80세-56세 = 24년, 1년 1,095끼
1,095끼 ×24년 = 26,280끼

월 90회씩 식사 횟수는 감소한다.

인생은 모래시계

우리 인생은 모래시계와 같다. 공중목욕탕 사우나실에 가면 모래시계가 있다. 뜨거운 사우나에서 내가 몇 분이나 견디느냐를 파악하기 위해서 시간을 잴 때 모래시계가 이용된다. 이것은 오늘날과 같은 시계가 개발되기 전에 모래를 이용한 시간측정 기구로 스위스에서 유래되었다.

한국인의 평균 수명을 다루는 최근 자료에 의하면 여성은 84세, 남성은 79세로 나와 있다. 이 평균 수명 이상을 사는 사람으로 남성은 3명중 1사람이고 여성의 경우는 2명중 1사람이다. 만일 여러분의 나이가 현재 40세가 되었다면, 마라톤 42.195km에서 약 반 이상을 달려 온 셈이다.

당신이 지금 56세라고 가정하고 앞으로 먹을 수 있는 끼니 수를 계산해 보자. 80세까지 산다고 가정한다면 현재 56세이니까 앞으로 24년간을 더 살 수 있다. 우리가 하루 세끼 밥을 먹으면 1년에는 1,095끼를 먹는다. 24×1095끼를 하면 26,280끼를 먹을 수 있다.

따라서 한 달이 지나면 90회 식사 횟수가 감소한다. 이처럼 인생은 모래시계이다. 모래가 위에서 밑으로 내려가는 것처럼 우리 인생도 조금씩 단축되고 있는 것이다.

〈그림 5-4〉

나는 인생에서 무엇을 하기 위해 시간을 사용하고 있는가?

시간 창조

질문을 하는 것은 생각의 깊이와 수준을 높이고 더 나은 양질의 답을 얻을 수 있게 해 준다. 자신의 미래와 관련된 심층 질문을 해 보도록 하자.

"나는 자신의 인생에서 무엇을 하고 싶은가?" 이 질문에 대해서 자기 스스로 생각하는 답을 노트에 적어 보자. 질문을 좀 더 세분하여 "20대에는 무엇을 할 것인가" 또는 "20대에는 무엇을 하고 싶은가"로 구분해도 좋다. 다음으로 "나는 30대에 무엇을 할 것인가"와 "무엇을 하고 싶은가" 계속하여 "40대가 되면 나는 무엇을 하고 싶은가"도 기록해 보자.

미시건 대학교에서는 학생들에게 사고력 · 창조력 · 질문력을 키우는 교과목들을 가르치고 있다. 이것은 가장 기본이 되는 학습방법에 해당되기 때문이다.

2007년 미국 시카고에서 개최 된 세계창조력대회에서는 '7가지 수준의 변화'를 창조력 계발과 연결한 워크숍이 있었다. 이 워크숍에서는 변화에는 7가지 서로 다른 수준이 있다고 정의하였다. 우리가 변화를 단지 '한다 또는 하지 않는다'라는 흑백논리로 파악하고 있지만 실제 변화에는 서로 다른 정도가 있다는 것이다. 예컨대 3단계 수준의 변화는 개선 정도에 그치는 데 비해 7단계 수준의 변화는 '스텔스 폭격기를 개발한' 사례처럼 불가능에 도전한 경우가 있다.

7가지 수준의 변화 워크숍에서는 "인생에서 달성 하고 싶은 목표 101가지"를 기록한다. 목표가 하나나 두 개가 아니라 101가지를 개발하는 것이다. 이 책을 읽는 여러분들도 101가지 인생 목표를 작성해 보자. 자기가 하고 싶은 일은 어떤 것이래도 여기에 포함된다. 그러나 실제 실습에 임해서 기록해 나갈 때 막상 80개째 이상이 되면 굉장히 어려워진다. 그 때부터는 과거에 불가능하다고 생각해 왔던 것도 포함하는 단계로 넘어간다. 목표를 만드는 것은 실행 가능성은 고려하지 않아도 무방하다. 왜냐하면 이것은 다음 단계인 실천 가능성을 따질 때 다루면 되기 때문이다.

〈그림 5-5〉

시간창조의 비밀

1 **나는 제한된 인생에서 무엇을 하고 싶은가?**
20대에는 무엇을 할 것인가?
30대에는 무엇을 할 것인가?
40대에는 무엇을 할 것인가?

2 **저녁시간을 어떻게 보내는가?**
TV 3시간(1일)×30일 = 90시간 시청

3 **의식하지 않으면 시간은 무한히 있다고 착각하게 된다.**

시간 창조의 비밀 : 하루 중 하는 일에 대한 분석

시간 창조에 대한 비밀을 살펴보자. 시간 창조의 지름길은 하루 동안 내가 어떤 일을 하는지를 분석해 보는 것이다. 어제 한 일들을 회상해 보고 좌측에 제시된 카테고리 별로 분류해서 실제로 한 일을 기록해보자.

이 때 제기할 질문은 다음과 같다. "하지 않아도 되는 일을 한 것은 무엇인지?" 또는 "다른 사람에게 맡길 수 있는 일은 없었는지?" 나아가서 "단 번에 몰아서 할 일은 없었는지?" 등으로 구분하여 정리한다.

한 가지 예로 외출하기 위해서 밖으로 나갔다가 잊어버린 것이 있어서 다시 집으로 돌아와서 가지고 가는 것은 시간 낭비이다.

이왕 외출한 김에 몇 가지 일을 순서대로 보는 것 - 우체국에 편지 발송하고, 은행가서 일 보고, 돌아오는 길에 컴퓨터 부품 구입하고 - 은 각각의 과업을 별도로 하는 것에 비교해서 엄청난 시간 절약을 가능하게 하는 것이다.

그 다음으로 자기가 기록한 일들 중에 "급하고 중요한 일은 무엇인지" 살펴보자. 나아가 하지 않아도 좋은 쓸데없는 일, 즉 시간을 낭비하는 일은 무엇인가도 살펴보자.

〈그림 5-6〉

시간사용의 지혜

1 하지 않아도 되는 일

2 다른 사람에게 맡길 수 있는 일

3 몰아서 단번에 할 수 있는 일

4 급하고 중요한 일

자투리 시간 활용법

"3분 자투리 시간 활용법"을 소개해보자. 당신이 3분 전에 어떤 약속 장소에 도착했다고 가정하자. 그런데 먼저 도착했기 때문에 창조된 이 귀중한 "3분"을 어떻게 활용할 것인가?

3분에 걸쳐 할 수 있는 일을 소개하면, 주변을 두리번거리며 3분을 보낼 수도 있다. 그 장소가 레스토랑이라면 그곳에 근무하는 사람에게 말을 건네면서 시간을 보낼 수도 있다. 그리고 신문 한 면을 읽을 수 있다. 큰 글자로 된 타이틀뿐만 아니라 구체적 내용까지 읽을 수 있다. 중요한 전화 한 통화를 할 수 있다. 오랫동안 연락을 못한 친구에게 문자 메시지를 몇 개나 쓸 수도 있다. 3분 동안이면 서점에서 신간 코너를 둘러보고 최근에 부상하고 있는 베스트셀러가 어떤 책인지 살펴볼 수 있다. 3분이면 하루 일정을 짜고 그날 스케줄을 조정할 수 있다.

이처럼 3분의 가치는 대단히 크다. 그런데 우리는 이 같은 자투리 시간 3분을 활용할 준비가 되어 있는가? 예를 들어 약속시간에 일찍 도착했을 때 읽을 수 있는 신문도, 전화나 문자를 보낼 스마트폰도, 안부 인사를 쓸 엽서도, 일정을 짜는 수첩도 가지고 있지 않는 경우 우연히 창조된 이 귀중한 시간을 낭비할 수밖에 없다.

만일 우리가 인생을 완전히 바꾸고 싶다면 1년에 책 100권을 읽자. 어떤 학생은 대학 4년 동안 책을 한 권도 완독한 적이 없다고 한다. 현재 일본에서 유명한 컨설턴트로 활약하는 어떤 분은 1년에 책 100권을 읽으면서 자신의 인생을 바꾸었다고 한다. 그 컨설턴트는 고등학교를 졸업할 때까지 공부에 별 취미도 없었고 어떤 책도 완독한 적이 없는 채로 입사하였다. 그런데 신입 사원으로 연수를 받던 마지막 날, 인사부장이 들어와서 신입사원들에게 올해 1년간 개인적으로 달성하고 싶은 목표를 각자 A4용지에 적어라는 과제를 주었다. 이

〈그림 5-7〉

자투리 시간 활용법

3분 자투리 시간 활용법

· 약속시간보다 3분 먼저 도착한 경우

· 10시 개점 상점에 9시 57분에 도착한 경우

· 레스토랑에서 음식주문 후 3분간 기다리는 경우

3분에 걸쳐서 할 수 있는 일

- 신문 1면을 읽을 수 있다.
- 전화 한 통화를 할 수 있다.
- 엽서 한 장을 쓸 수 있다.
- 서점 신간 코너를 둘러 볼 수 있다.
- 하루 스케줄을 조정할 수 있다.

컨설턴트는 그야 말로 실수로 "나는 올해 일 년간 책을 100권 읽겠습니다"라는 계획을 써서 제출한 것이다. 그런데 인사부장이 우연히도 이 사람이 쓴 것을 픽업해서 읽어 보고는 당사자를 앞으로 나오라고 불러낸 것이다. "자네 앞으로 1년간 책 100권을 읽겠다고?" 인사부장이 여러 신입사원들 앞에서 질문하였다. 당사자는 자기가 썼기 때문에 대답을 안 할 수가 없어서 "예"라고 대답했다. 인사부장은 "자 그렇다면 책을 읽을 때마다 감상문을 한 장씩 써서 나에게 이메일로 보내게"라고 지시하였다.

눈앞이 캄캄해진 그가 연수 후 집에 돌아오니 어머니가 얼굴이 왜 그 모양이냐고 물으며 했다. 자세한 사정을 말하지도 못한 채 자기 방에 들어간 그는 10분 만에 다시 나와서 집에서 가장 가까운 서점으로 갔다. 그는 동네 서점에서 가장 얇은 책 3권을 샀다. 그날 저녁 식사도 안 먹고 부지런히 읽기 시작한 것이 그 이튿날 일요일 낮 12시 쯤 되니 구입한 3권의 책 중 가장 얇은 60쪽 짜리 책을 드디어 독파하게 되었다. 평생 책을 완독해 본 적이 없는 까닭에 얇은 책이지만 끝가지 읽었다는 기쁨을 처음으로 느꼈다. 이것이 계기가 되어 그는 그 후 1년에 책100권 읽기를 5년간 계속 했고, 그 후 유명한 컨설턴트로 변신하게 되었다.

다른 성공 스토리의 주인공은 일본에서 활동하는 한국계 2세인 손정의 회장을 들 수 있다. 프로야구 구단을 가지고 있으며 소프트 뱅크 CEO인 손 회장은 몸이 아픈 젊은 시절 책 4,000권을 읽었다고 밝히고 있다. 그는 지금 세계적으로 유명한 IT산업계에서 제2의 스티브 잡스로 알려져 있다.

〈그림 5-8〉

나의 꿈꾸는 역량 분석

1. 나는 꿈꾸는 능력을 가지고 있는가?

2. 나는 꿈꾸는 자유를 만끽하고 있는가?

3. 이루어지기 불가능한 백일몽(白日夢)이라도 꿈을 갖는 것이 없는 것 보다 낫다.

4. 미래는 꿈과 연결되어 있다.

5. 꿈이 없는 사람은 미래의 청사진(靑寫眞)을 그리지 못한다.

6. 미래의 청사진은 비전이다. 이는 망망대해에서 배가 항해할 방향을 인도하는 해도(海圖)와 같다.

7. 해도(海圖) 없이 항해를 하면 타이타닉 호처럼 언젠가는 난파하게 된다.

미래와 꿈

우리가 성공적인 미래를 맞이하려면 반드시 꿈꾸는 능력을 가져야 한다. 당신은 꿈꾸는 자유를 만끽하고 있는가. 꿈은 누구나 꿀 수 있다.

또 이루어질 수 없는 백일몽이라도 꿈이 있는 것이 없는 것보다 훨씬 더 낫다. 꿈은 미래와 연결되는 길이다. 꿈이 없는 사람은 미래에 대한 청사진을 그릴 수가 없다. 청사진은 망망대해에서 선박이 나아 나아가야 하는 방향을 제시하는 해도(海圖), 즉 바다의 지도이다. 해도(海圖) 없이 바다를 항해하면 타이타닉호 처럼 난파될 수 있다.

〈그림 5-9〉

나의 꿈꾸는 역량 분석

우리는 미래에 대해서 알지 못하기 때문에 미래에 대해 별로 계획할 수가 없다. 그러나 우리는 자신의 영혼과 육신을 순수하고 고귀하게 만들 수 있기 때문에, 미래에 대한 생각과 이상을 소중히 만들 수 있다. 우리는 고상한 목적을 꿈꿀 수 있기에 숭고한 행동이 요구되는 때가 되거나 입장이 되면 어떤 행동을 하는 사람이 되어야 할 것인가를 결정할 수 있고 또 알게 된다. 그런데 어느 누구도 자신의 습관과 소중히 간직했던 생각으로부터 갑자기 달라질 수는 없다.

– Joshua L. Chamberlain –

명언 I

좌측에 제시된 명언을 읽어보자. 읽으면 자신에게 용기를 주는 명언은 반드시 기록해 놓자. 이제 그 내용을 살펴보자.

"우리는 미래에 대해서 별로 계획할 수가 없다. 그러나 우리의 영혼과 육신을 순수하고 고귀하게 만들 수 있기 때문에 이 같은 생각과 이상도 소중히 만들 수 있다.

우리는 고상한 목적을 꿈꿀 수 있기에 숭고한 행동이 요구되는 때가 되거나 입장이 되면 어떤 행동을 하는 사람이 되어야 할 것인가를 결정할 수 있게 된다. 그렇지만 우리 중 어느 누구도 자신의 습관과 소중히 간직했던 생각으로부터 갑자기 달라질 수는 없다." 조슈아 챔블린이 한 이 명언은 우리가 어떤 일을 반복해서 함으로써 체화된 습관을 만드는 것이 중요하다는 것을 강조한 것이다.

반복해서 몸에 익히는 체화(體化)는 '3의 법칙' 에 따른다. 우선 최초 3일이 가장 중요하다. 이것은 무엇인가를 새로이 시작하는 것이다. 그 다음은 3주일간의 계속이다. 3주일 몸에 익힌 후, 그 다음 어려운 것은 3개월 계속이다. 이제 3개월이 지나면 그 습관은 체화, 즉 자기 몸에 붙게 된다. 이제 "3의 법칙"을 내가 하는 모든 일들에 적용해 보자.

〈그림 5-10〉

미래에 대한 정의 II

당신이 중요하다고 인정하는 목적을 위해 스스로가 이용되는 것은 인생에서 진정한 기쁨이다. 이것은 세상이 당신을 행복하게 만들어주지 않는다고 흥분하는 불평불만이 아닌 자연의 힘이다. 나는 내 생이 전체 사회에 속한다고 생각하므로, 내가 살아있는 한 할 수 있는 일을 하는 것이야말로 나의 특권이라고 생각하며 살아간다. 나는 내가 죽음을 맞이하기 전에 철저히 사용된 상태가 되기를 원한다. 왜냐하면 더 열심히 일을 할수록 더 많이 살기 때문이다. 나는 인생 그 자체를 기뻐한다. 인생은 짧은 한 자루 양초가 아니다. 그 대신 인생은 내가 한 순간 들고 있어야 할 빛나는 횃불이다. 나는 이 횃불을 미래 세대에 인계해 주기 이전에 가능한 한 밝게 태우기를 원한다.

– George Bernard Shaw –

명언Ⅱ

조지 버나드쇼George Bernard Shaw는 좀 더 긴 명언을 남겼다. 버나드 쇼는 아일랜드 출신의 유명한 극작가이자 존경 받는 철학자였다. 그에 대해서는 여러 가지 일화가 많다. 우선 그는 노벨상 수상을 거절하여 유명하다. 그는 나이가 들어서 탁월한 스피치를 할 수 있는 사람이 되었지만 젊은 시절에는 너무나 부끄러움이 많아서 남의 집을 방문한다고 약속을 해놓고 그 집 벨을 누르지 못하고 누군가 그 집에서 나오기를 1시간 이상 기다린 적도 있었다.

버나드 쇼는 피그말리온Pigmalion이란 희곡으로도 유명하다. 피그말리온은 고대 그리스의 젊은 조각가였다. 그는 자기가 만든 여자 조각상이 너무나 예뻐서 그 조각이 사람으로 환생하기를 간절하게 염원하였다. 이 조각가의 기도로 그 여자 조각상은 드디어 생명을 얻어 아름다운 여자로 환생하고 둘은 서로 사랑하고 결혼한다는 스토리이다.

버나드 쇼의 피그말리온이라는 희곡은 영화 및 연극으로 널리 알려져 있다. 오드리 햅번이 유명한 배우로 만든 마이 페어 레이디My Fair Lady가 그것이다. 버나드 쇼가 한 말을 들어 보자. "우리가 중요하다고 인정하는 목적을 실현하기 위해 자기 자신이 이용되는 것은 인생에서 진정한 기쁨이다. 내 인생이 전체 사회에 속한다고 생각하므로 내가 살아있는 한 할 수 있는 일을 하는 것이야 말로 나의 특권이라고 생각하면서 살아간다. 내는 죽음을 맞이하기 전에 내 자신이 철저히 사용된 상태가 되기를 원한다. 왜냐하면 내가 더 열심히 일할수록 더 많이 살기 때문이다. 나는 인생 그 자체를 기뻐한다. 인생은 짧은 한 자루의 양초가 아니다. 그 대신 인생은 내가 한 순간 들고 있어야 할 빛나는 횃불이다. 나는 이 횃불을 미래세대에 인계해 주기 이전에 가능한 밝게 태우기를 원한다." 버나드 쇼의 이 글귀를 소리 내어 읽어 보면 용기와 자신감이 생긴다. 이제 그의 명언을 프린트해서 벽에 붙여놓고 가끔 큰 소리로 읽어 보자.

Smart Organizational
Psychology

미래를 구성하는 시간을 한 번 분석해 보자. 시간은 '과거, 현재, 그리고 미래'로 구성되어 있다. 서양에서는 중세 때까지 시간이란 신의 영역에 속한다고 생각했기에 인간은 감히 언급할 수조차도 없었다. 중세의 종교학자이며 수도사였던 토마스 아퀴나스가 처음으로 시간도 인간이 접근할 수 있도록 체계화했다. 그는 시간이란 과거, 현재 그리고 미래로 이루어진다고 밝혔다. 우선 과거는 흘러 가버린 물과 같아서 되돌릴 수가 없다. 미래는 올지 안 올지 불확실한 대상이다. 그러면 현재는 어떠한가. 현재는 백지 위에 바늘을 이용하여 찍어 놓은 점과 같다. 따라서 현재는 단지 순간이고 또 찰나이다. 우리가 이 글을 읽는 순간에도 현재는 과거로 흘러가고 있다. 그런데도 불구하고 우리에게는 결국 '현재' 밖에 없다.

따라서 현재를 어떻게 잘 보내느냐 또 잘 사느냐가 미래에 대한 가장 훌륭한 준비를 하는 것이다. 현재에 최선을 다하는 것이 자기 삶을 보람 있게 사는 것이다. 그래서 영어로는 과거를 파스트Past라고 하고, 미래는 퓨쳐Future로 부르는데, 현재는 선물을 의미하는 프레젠트Present라는 말을 쓴다. 현재는 신이 우리에게 준 선물이라는 의미이다.

Chapter 6

미래를 구성하는 시간분석

미래야 말로 창조의 대상

미래의 특성

미래와 관련된 심층 질문들

혁신을 추진하는 마차

미래 예측 역량

시간 창조 : 벨로시티 Velocity Ⅰ

시간 창조 : 벨로시티 Velocity Ⅱ

시간 창조 : SPA전략

비전 개발 시 고려사항

개인 비전 개발 프로세스

비전, 미션 그리고 타임매니지먼트

우선순위Prioritizing 설정하기

마냐냐와 만만디

나는 왜 해야 할 일을 뒤로 미루는가?

시간 통제력의 증대방안

시간 관리 효율성 체크리스트

비전, 생의 의미 추구 그리고 시간 관리의 피드백 및 정리

〈그림 6-1〉

미래는 창조의 대상

- 개인, 기업, 국가는 비록 내일이 어떻게 될지는 모른다. 그럼에도 불구하고 미래를 창조할 수 있다.

- 미래창조는 엄청난 도전Challenge이기 때문에 첫번째 반응은 "불확실함에 대한 거부(Denial to Uncertainty)"이다.

- 이처럼 거부하기 시작하면, 눈으로 보지 못하는 '맹목 영역(Blind Spot)'을 만들게 된다. 따라서 사람들은 자신도 모르는 사이에 '운명론적 패러다임(Destiny Paradigm)'을 가지게 된다.

미래야 말로 창조의 대상

미래는 창조의 대상이다. 만일 내가 미래를 스스로 창조하지 않는다면 남이 창조해 주게 된다. 그렇게 되면 나는 그 사람의 노예가 되는 셈이다. 미래는 나의 것이고 나 외엔 아무도 만들 수 없다. 부모님, 친구, 선배, 스승 등은 미래에 대한 조언을 나에게 해 줄 수는 있지만 미래를 만들어 줄 수는 없다. 국가의 경우 그 나라의 미래를 다른 나라가 만들어 주게 된다면 그 나라에 식민지나 속국이 되는 것이다.

개인, 가정, 기업 등은 비록 내일이 어떻게 될지 불확실하지만 미래를 창조할 수 있다. 사회 및 국가도 미래를 창조할 수 있다. 창조 리더십과, 창조 경영의 모델이 된 아랍에미레이트(UAE)의 왕자 모하마드가 이끄는 두바이를 보라. 이들이 만드는 미래가 두바이에서 창조되고 있다. 즉 향후 50년 또는 100년 후 석유 자원이 고갈될 미래를 대비하여 지금 새로운 UAE를 창조하고 있는 것이다.

기업도 미래에 대서 투자하고 또 미래를 창조하면 지속 가능Sustainable하게 된다. 개인도 예외가 아니다. 미래 창조는 엄청난 도전이다. 그런데 미래 창조에 대해 말하면, 사람들은 흔히 거부 반응부터 보인다. 왜냐하면 사람들은 불확실성을 두려워하기 때문이다. 우리 인생은 불확실함으로 가득하다. 따라서 우리가 두려움에 도전하지 않으면 우리의 미래는 더욱 어둡게 다가올 뿐이다.

미래 창조를 부정하거나 거부하는 사람에게는 맹목 영역(盲目領域 Blind Spot)이 생기게 마련이다. 맹목 영역이란 우리가 볼 수 없는 영역을 말한다. 맹목영역을 가지면 사람들은 일어날 일에 대해서 체념으로 일관하는 운명론자가 되기 쉽다. "이것은 나의 운명이니까, 아니면 내 팔자가 이러니까" 와 같이 운명론자는 인생을 포기하게 된다. 미래를 창조하자. 결국 미래를 보고 꿈을 가지는 것이 창조의 첫 단계이다.

〈그림 6-2〉

미래의 특성

미래를 아는 사람은 어느 누구도 없다. 그러나 우리는 미래에 대한 기대를 가질 수 있다. 나아가 현재에 액션을 취함으로써 미래창조도 할 수 있다. 왜냐하면, 미래란 우리가 창조하는 것이지, 누가 우리에게 만들어 주는 것이 아니기 때문이다.

⋮

미래의 특성

미래가 가진 특성을 다시 분석해 보자. 우리는 미래가 어떻게 진전될지 예측할 수 없다. 따라서 우리는 때때로 무능하다고 느낀다. "내가 앞으로 무엇이 될까" 하는 막연한 불안감이 있는 것처럼, 미래는 예측이 잘 안 된다. 그런데 만일 갑자기 나타날 미래를 예측만 할 수 있다면 우리는 미래를 준비하고 대비할 수 있을 것이다.

미래는 항상 갑자기 우리에게 오기 마련인데, 이를 예상하고 예측할 수 있는 능력은 무엇일까? 미래에 대한 준비를 하기 위해서는 정보, 지식, 그리고 불확실성 등에 대해서 신뢰를 가져야 한다.

제2차 세계대전을 승리로 이끈 영국의 수상 윈스턴 처칠이 한 얘기가 있다. 그는 "과거를 돌아보면 미래를 볼 수가 있다"라고 말했다. 추가하여 처칠은 "우리가 더 먼 과거를 보면 볼수록 더 먼 미래도 볼 수 있다"라고 강조했다. 그가 한 말을 살펴보면 정보와 지식은 과거에서 낳은 지적 재산이다. 이를 기반으로 하면 우리가 미래를 예측할 수 있다는 것이다.

세계 제2의 석유회사인 영국과 네덜란드의 합작회사 로열 터치 셸Royel Dutch Shell에서는 임원 및 관리자들의 미래예측 역량을 개발하기 엄청난 교육과 트레이닝을 실시하고 있다. 이들이 이를 위해 개발한 것이 바로 "시나리오 플래닝"Scenario Planning이다.

미래가 도대체 예측 불허해서 우리가 불가사의하다고 생각할지 모르지만 실제로는 다가올 미래는 3가지밖에는 없다고 본다. 이 3개의 미래는 현재와 비슷한 미래, 현재보다 더 나쁜 미래, 그리고 현재보다 더 나은 미래이다. 따라서 만일 우리가 이 3가지 미래에 대해서 준비를 해 놓으면 미래는 완전하게 준비될 것이다.

〈그림 6-3〉

미래 : 그 신비로움

"우리는 미래가 어떻게 보일지 예측할 수 없기 때문에 불편하고 무능한 기분을 가지게 마련이다. 그런데 만일 우리에게 '갑작스럽게 그리고 놀랍게' 나타날 미래를 예측할 수만 있다면, 이에 대한 준비나 대비를 할 수 있을 것이다. 미래에 대한 준비와 대비를 하기 위해서 우리는 정보, 지식 그리고 불확실성에 대해 신뢰를 가져야 한다."

미래와 관련된 심층 질문들

미래와 관련된 심층 질문을 몇 가지 소개해 보자. 이 질문들에 대한 개인적 답변은 노트에 적어가면서 작성하는 것이 좋다. 여기에서 말하는 답이라 하는 것은 여러분들이 하는 생각이다. 따라서 이 생각은 옳고 또는 틀리고는 없다.

첫째, "나는 미래에 무엇을 가지고 싶은가?" 이것은 소유와 관계되는 것으로 자신이 소유하고 싶은 것을 적으면 된다. 학생들이나 일반 직장인들을 대상으로 이 질문을 던져보면 개인적 반응이 다를 것 같지만 신기하게도 대단히 유사하다. 또한 각 나라 각 문화에 따라서도 큰 차이가 날 것 같지만 이것 역시 비슷하다.

둘째, "나는 미래에 무엇을 하고 싶은가?" 이 질문은 무엇을 가지고 싶은가와 다르게 자기가 즐겨서 "하고 싶은 일"을 묻는 것이다. 어떤 일을 하고 싶은지, 어떤 직업을 가지고 일을 하고 싶은지 등과 같은 내용이 여기에 해당된다.

셋째, 이것이 가장 어렵다고들 한다. 이 질문은 "나는 미래에 어떤 사람이 되고 싶은가"라는 질문이다. 되고 싶은 사람 이것은 존재를 의미하는 것이다. 영어에서는 Being, 독일 말에는 Sein(존재)이다.

"나는 어떤 사람이 되고 싶은지를 생각해 보자." 여기서 소개한 이상의 3가지 질문에 대해서 자기 생각을 기술하는 것은 쉽지 않다. 그 이유는 이들 질문은 각각 깊은 사고를 요구하기 때문에 쉽게 답을 찾을 수 있는 것이 아니기 때문이다. 이 같은 이유에서 우리는 자기 자신과 끊임없는 대화를 하는 것이 필요하다.

〈그림 6-4〉

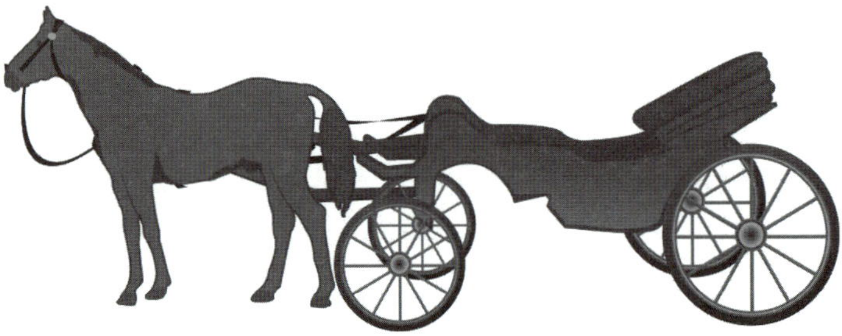

혁신을 추진하는 마차

이번에는 혁신추진 마차(Vehicle)를 소개해 보자. 변화는 혁신을 동반해야 한다. 왜냐하면 혁신이란 변화가 만들어내는 성과이기 때문이다. 우리는 미래를 예측하고 또 준비하는 역량을 가지고 혁신을 추진함으로써 가시적인 성과물을 가지고 와야 한다. 혁신이라 하는 것은 변화를 가시적인 성과로 보여주는 것이다. 그런데 과거는 혁신을 이끌어 내지 못하고 현재 역시 그 능력을 가지고 있지 못하다. 단지 미래만이 혁신을 가지고 올 수 있다.

미래의 직업, 신상품, 신기술 개발 특히 미래에 내가 가지고 싶은 직업 이런 것 모두는 우리가 미래를 어떻게 보고 준비하느냐에 달려 있다. iPhone, iPad, 스마트폰 등 여러 가지 새로운 IT기기들은 미래에 대한 예측과 준비를 통해서 태어난 혁신의 산물이다.

미국의 스포츠 제품회사인 나이키(Nike)의 경쟁회사는 '아디다스' 나 '리복' 이 아니다. 나이키는 스포츠 운동화를 ICT와 결합하여 운동량을 측정하는 신제품을 내놓았다. 매출은 이전보다 30%증가하였다. 이는 혁신의 산물이고 복융합기술 ICT(Information Convergence Technology)의 결과이다. 이처럼 복융합이야 말로 혁신추진 마차라고 할 수 있다.

〈그림 6-5〉

나의 미래 예측 역량

1. 나는 미래에 무엇을 가지고 싶은가?
2. 나는 미래에 무엇을 하고 싶은가?
3. 나는 미래에 어떤 사람이 되고 싶은가?

미래 예측 역량

미래 예측 역량을 축구 선수와 비교한 재미있는 사례가 있다. 축구 선수들은 의식적으로 또는 무의식적으로 앞을 내다 볼 수 있는 탁월한 능력을 가지고 있다. 월드컵 시합이나 유로 컵 시합에 출전하는 선수들은 이 같은 역량이 뛰어난다. 따라서 프로 축구 선수들 역시 몇 초 후 미래를 내다보는 예측 역량을 가져야 된다. 축구 선수들의 예측 역량이란 축구공이 어디로 갈까를 예측하는 능력이다.

선수들의 대뇌는 공이 어디로 튈지를 예측 및 산출할 수 있는 능력인 공 진행 계산능력Ballistic calculating ability을 가지고 있다. 또한 시합에서 전개될 다음 장면을 상상하고 예측할 수 있는 능력Imagination foresight과 연결시킬 수 있는 신경학적인 역량도 필요하다. 킥한 공이 어디쯤 갈 거냐를 알아내는 능력과 그 다음에 다른 선수가 킥한 공이 어디로 올 것인가를 알아내는 상상력이 우수선수가 될 자질을 결정한다.

우리는 근육을 동원한 활동을 하지 않아도 마음속으로 이런 활동을 할 수 있다. 즉 마음으로 리허설을 한 다음에 대뇌명령에 따른 근육활동을 하는 것이다. 마음을 통해서 앞으로 일어날 장면을 시각화Visualiztion 할 수 있는 역량이 필요하다. 이것은 운동 경기뿐만 아니라 우리의 인생에서도 반드시 필요한 역량이 아닐 수 없다.

미국의 유명한 정치가이면서 철학자인 Alfred North Whitehead는 다음과 같은 말을 하였다. "어떤 의미에서 보면 지혜가 증가하게 되면 지식은 위축하게 된다. 지식이 쌓이는 것은 지혜의 축적과 비례하지는 않는다. 그 이유로는 세부적인 지식이나 세세한 지식은 원칙에 의해 흡수되기 때문이다. 지식의 세부내용은 인생에서 우리가 갖는 각각의 직업, 직무, 일에서 활용된다. 잘 이해된 원칙의 적극적 활용이란 습관이야 말로 지혜를 만드는 토양이다.

지혜는 우리에게 나아갈 올바른 방향을 제시한다. 지혜는 효과성을 제공하고 지식은 효율성을 제시한다. 지식을 쌓는 노력에 더해서 지혜를 쌓는 노력을 게을리 하지 말자. 마지막으로 원칙을 가지는 것이야 말로 지혜를 가질 수 있는 지름길이다."

〈그림 6-6〉

미래, 창조 그리고 혁신

1

미래를 예측하고 준비하는 역량이야 말로 혁신의 엔진!

2

과거는 혁신을 끌어내지 못하며, 현재도 그 능력이 없다.

3

'미래직업', '신상품 개발', '신기술 개발' 등도 모두 미래를 어떻게 보고 준비하느냐에 달려 있다.

시간 창조 : 벨로시티 Velocity Ⅰ

이번에는 벨로시티Velocity 시간 관리에 대해서 알아보자. 벨로시티라는 말은 물리학의 용어로 방향과 힘Direction & force 포함된다. 이 실습할 때에는 좌측 페이지를 프린트하거나 노트에 좌측에 제시된 슬라이드를 반드시 그려야 한다.

과제1은 "당신이 지금은 하고 있지 않지만, 매일 정기적으로 수행해서 자기 자신을 긍정적으로 변화시킬 활동이 있다면 이 같은 활동은 무엇이겠습니까?" 여기에 해당되는 활동을 4가지 적는다. 이때 (Ⅰ), (Ⅱ), (Ⅲ), (Ⅳ)로 표기된 4분면에 대해서는 일단 신경 쓰지 말자.

시간 창조 : 벨로시티 Velocity Ⅱ

두 번째 실습은 팀 실습이다. 이때 팀 대신에 가족을 대상으로 해도 상관없다. 또 친구들과 같이 하는 동아리에 이 실습을 적용해도 좋다.

질문은 "우리가 지금은 하고 있지 않지만, 만일 정기적으로 이 같은 과업을 매일 수행해서 우리 팀(동아리)이 현격하게 좋은 방향으로 변화할 수 있는 활동이 있다면 이것은 무엇이겠습니까?" 이다.

앞 페이지의 '개인 실습' 에서 가장 빈번하게 나오는 반응이 '운동' 이다. 그 다음이 어학 공부로 대부분 영어, 독어, 불어, 중국어, 일어 등 외국어 공부를 매일하면 좋겠다고 반응한다. 그 다음에는 일기쓰기로 자기 성찰, 자기반성을 매일 하고 싶다고 한다.

둘째, 팀이나 동아리가 현격하게 좋아질 수 있는 방법은 무엇이냐? 이때 팀 대신 조직으로 바꾸어서 함께 작성해도 상관없다. 회사 사람들을 대상으로 한 최근 워크숍에서 나온 결과를 보자.

"지금은 하고 있지 않지만 만일 정기적으로 이 같은 일을 매일 수행한다면

〈그림 6-7〉

미래예측과 벨로시티

축구선수들은 의식적으로 또는 무의식적으로 앞을 내다보는 탁월한 능력을 가지고 있음이 틀림없다.

우리는 이처럼 누구나 대뇌의 예측력을 활용할 수 있는 신경심리적 능력을 가지고 있다.

사람은 실제 근육을 동원하는 활동을 하지 않아도 마음 속으로 이런 활동을 할 수 있다. 이같은 리허설을 한 다음에 대뇌 명령에 따른 근육활동을 한다.

사람은 마음속으로 과거와 미래에 자극을 주면서 어느 것이 좋은가를 판단하며 여러가지 다른 활동을 할 수 있다.

내가 속해 있는 회사가 현격하게 좋은 방향으로 변화될 수 있는 활동은 무엇입니까" 이렇게 물었더니 '서로 인사하기'를 제일 많이 들었다. 이 말은 서로 만나도 인사를 하지 않는 회사 분위기를 보여주는 셈이다. 셋째, '아침 회의'를 든다. 이를 보면, 중요한 사안이 있어도 서로 대화하지 않고 또 정보도 공유하지 않는다는 것을 보여준다.

여러분들은 자기 동아리나 자기가 속하는 팀에서 어떤 활동을 하면 내가 속하는 팀이 현격하게 긍정적으로 변화할 수 있을지를 한 번 기록해 보고 이를 통해 '팀 개선'을 추구해 보자.

〈그림 6-7〉

미래에 대한 정의 III

어떤 의미에서 보면 지혜가 증가하면 지식은 위축된다. 세부적인 지식은 원칙에 의해 흡수되기 때문이다.
지식의 중요한 세부내용은 인생에서 우리가 갖는 각각의 직업에서 특히 활용된다. 그러나 '잘 이해된 원칙의 적극적 활용'이라는 습관이야말로 지혜를 최종적으로 가지는 것이다.

– Alfred North Whitehead

시간창조 SPA전략

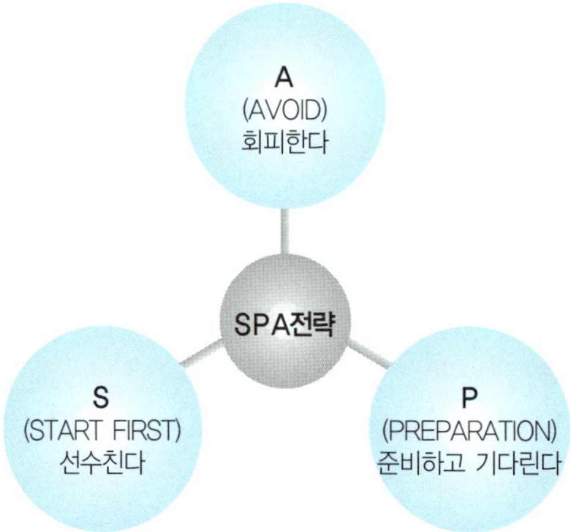

S : 어딘가에서 문의가 올 것 같으면, 그곳에 먼저 전화하여 문제를 해결한다.

P : 일어날 일에 대해 사전에 먼저 처리할 준비를 하고 기다린다. (예, 상사의 호출)

A : 예상되는 업무나 일이 있으면, 자신의 주 업무시간이 방해받지 않게 먼저 행동한다.

시간 창조 : SPA전략

시간 창조 전략에는 SPA전략(戰略)이란 것이 있다. S는 Start First, 즉 내가 먼저 선수를 치는 것이다. 그 다음 P는, Preparation 즉 준비하고 기다린다는 뜻이다. 마지막 A는, Avoid 회피하라는 것이다.

이 3가지가 바로 SPA전략이다.

S인 '선수 친다'를 한 번 살펴보자. 예컨대 거래처에서 문의 전화가 올 것으로 예상된다면, 내가 먼저 그곳에 전화를 해서 그쪽에서 물어볼 내용에 대해 답을 하는 것이다.

다른 예로 내가 집중해서 공부를 할 때 교수님이 불러서 "그게 어떻게 된 거냐" 라고 물을 것이 예상되는 경우, 회사에서 상사가 "이리 와서 이것 좀 설명해 봐"라고 시킬 것이 예상되는 경우, 내가 먼저 교수님을 찾아가서 그가 할 질문에 대해서 답을 하거나 회사에서 상사가 지시할 것을 먼저 예견하고 하는 것이 바로 '내가 먼저 선수치기' 인 S전략이다.

P전략은 준비하고 기다리는 것이다. 즉 일어날 일에 대해서 먼저 준비를 해 놓는 것, 즉 일찌감치 해당 업무를 처리해 놓고 기다리는 것이다. 예컨대 회사에서 자기 상사가 오후 3시쯤 되면 반드시 나를 불러서 며칠 전에 시킨 일에 대해서 물어 볼 것이라고 예상되면 미리 준비해 놓고 실제로 상사가 부르면 바로 가져갈 수 있도록 끝내 놓고 기다리는 것이다.

마지막 " '회피한다' 라는 A전략은 예상되는 사태가 있으면 자신의 주 업무시간이 방해 받지 않을 때 해버리는 것이다.

그 예로 미국의 한 IT회사는 오전 10시부터 12시까지 오거나 거는 전화를 일체 받지 않는 "전화 받지 않는 시간"No Telephone Time 시스템을 정해 놓았다. 이때는 외부 전화를 일체 받지 않는다. 이 시스템이 만들어진 배경은 회사업무 중 직원들의 정신집중이 필요할 때 전화가 오거나, 대화를 하면서 업무를 하면 능률이 크게 떨어지기 때문이다. 시간 창조 방법으로 SPA전략은 많은 회사들이 활용하고 있다.

〈그림 6-8〉

비전 개발 프로세스

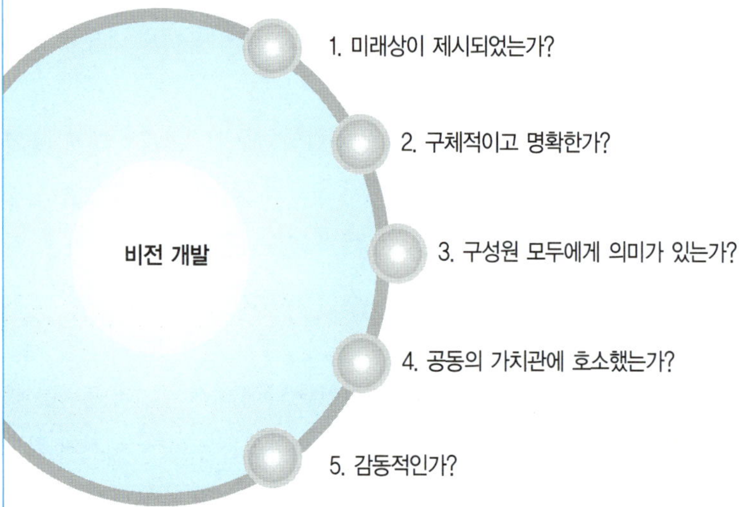

비전 개발 시 고려사항

비전 개발Vision Creation에 대해서 살펴보자. 비전이라 하는 것은 망망한 대양을 항해하는 선박에게 방향을 제시하는 해도 즉, 바다의 지도와 같다고 말했다. 따라서 비전이 없으면 개인이든 조직이든 어디로 가야 할지 행선지와 목적지가 불분명하다. 이제 비전 개발시 고려해야 할 것을 정리해 보자.

첫째, 미래상(未來像)이 나와야 한다. 다시 말해 미래가 어떤 그림이 될 것인가를 비전에 포함시켜야 한다. 둘째, 미래상이 구체적이고 명확한가? 질문해야 한다. 비전은 시각적으로 또 그림으로 나타내는 것이 바람직하다. 왜냐하면 그림이나 시각이 문자나 글자 보다 더 많은 메시지를 전달하기 때문이다. 셋째, 개인 비전인 경우 자기 자신에게 또한 조직 비전이 경우에는 조직원 모두에게 의미가 있어야 한다. 어떤 사람에게는 의미가 있지만 다른 사람에게는 의미가 별로 없다면, 모두가 공유할 수 있는 에너지를 가져야 한다.

역사적으로 가장 잘 만든 비전의 대표적인 사례는 구약(舊約)의 출애굽기에 온다. 출애굽기는 모세가 이스라엘 백성들을 이끌고 이집트를 떠나 약속의 땅인 가나안으로 갈 때 그가 내 건 비전이다. 그는 노예상태에 놓인 이스라엘 백성에게 "젖과 꿀이 흐르는 땅" 으로 가자고 호소하였다. 이것이 바로 눈을 감아도 그림이 그려지는 대표적인 비전이다. 이것만큼 설득력 있는 비전이 어디 있겠는가?

삼성그룹의 이건희 회장이 내건 비전은 "월급쟁이 천국을 만들자" 는 것이었다. 직원들은 자기회사를 파라다이스로 만들고 싶어 한다. '월급쟁이 천국' 이란 그림이 그려지는가? 나아가 비전은 조직 구성원들이 한 방향으로 나아가도록 정렬(얼라인먼트) 시키는 데 큰 힘을 발휘한다.

마지막으로 비전은 감성적Emotional 호소력이 있어야 한다. 사람은 이성보다 감성에 의해서 더 잘 움직인다. 1+1=2가 된다는 논리 보다 "내가 너를 좋아한다" 라는 것이 사람들의 가슴에 훨씬 더 빨리 와 닿고 또 설득적이다. 감동을 주는 비전은 감성에 바탕을 두어야 한다.

〈그림 6-9〉

개인 비전 개발 프로세스 1

제1단계

내가 아는 사람들 중에서 '행복하게' 보이는 사람이 있다면 이 사람들이 행복한 이유는 무엇일까?

①
②
③

제2단계

내가 더 이상 생활을 위해서 일하지 않아도 좋을 만큼 여유가 있고, 내가 원하는 것을 모두 할 수 있다고 가정하자. 이때 내가 하고 싶은 것은?

①
②
③

제3단계

내가 이 일들을 하고 싶어하는 이유는 무엇인가?

①
②
③

개인 비전 개발 프로세스

개인 비전 개발 프로세스를 이제부터 밟아 보자. 실습을 하기 위해서는 좌측에 제시된 실습 시트들을 반드시 프린트해서 그 위에 작성해야 한다.

제1단계는 "내가 아는 사람들 중에서 '행복하게' 보이는 사람이 있다면, 그들이 왜 행복한 것 같은가"에 대한 질문이다. 이 때, 꼭 세 사람의 이름을 적어야 한다. 그리고 내가 왜 이들이 행복할 것이라고 생각하는지 그 이유를 적어야 한다.

제2단계에서는 "내가 먹고 살기 위해서 더 이상 일을 하지 않아도 좋을 만큼 여유가 있고, 또 내가 원하는 것은 무엇이든 할 수 있다고 가정해 보자.

이때 "내가 하고 싶은 일은 무엇인가?"가 그 질문이다. 여기에 대한 답으로는 취미 활동, 여가 활동, 제2의 직무 등도 어느 것이든 상관없다. 대부분의 사람들은 일을 함으로써 돈을 벌고 이를 통해서 자기 생활을 영위하는 것이 보통이다. 이 경우는 금전적으로 충분한 여유가 있어서 원하는 것을 모두 할 수 있게 되는 경우 내가 하고 싶은 일들은 무엇인지를 적는 것이다.

제3단계는 "내가 이 같은 일들을 하고 싶어 하는 이유가 무엇인가?"를 적는다. 다시 말해 제1단계에서 기록한 해당되는 일들을 "왜 하고 싶어 하는지 그 유유가 무엇인지"를 기록하는 것이다.

개인 비전 개발 프로세스 2

✚ 제4단계

내가 가장 큰 행복과 만족을 느끼는 순간들은 어떤 때인가?

①
②
③

✚ 제5단계

현재 나의 인생에서 내가 가장 부러워하는 사람은?

①
②
③

✚ 제6단계

내가 현재 하고 있는 일(개인적인 일과 직장에서의 일) 중에서 가장 가치 있는 일은?

①
②
③

✚ 제7단계

나의 생활에서 가장 가치 있는 일은?

①
②
③

제4단계 "내가 가장 큰 행복과 만족을 느끼는 순간은 어떤 때인가"를 생각해 보고 그것을 기록한다. 실제로 자기가 행복과 만족을 느낀 경우를 찾아보고 어떤 때 이렇게 느끼는 지를 적어보자.

제5단계 "내가 인생을 살아오면서 가장 부러워하는 사람은 누구인가"를 찾아내는 것이다. 이때 이 기준에 해당되는 세 사람의 이름을 쓰고 내가 이들을 왜 부러워하는지 그 이유를 적어 본다.

제6단계, "내가 현재 하고 있는 일 중에서 가장 가치 있는 일은 무엇인가"를 생각해 보고 3가지를 기록하는 것이다.

제7단계 "나의 개인 생활에서 가장 가치 있는 일은 무엇인가" 찾아보는 것이다. 개인적인 생활에서 가장 가치 있다고 느끼는 것들 3가지를 적어보자.

개인 비전 개발 프로세스 3

제8단계

내가 하는 일중에서 다른 사람들에게 가장 큰 가치를 가져다 주는 일들은?

①
②
③

제9단계

내 인생에서 "진정으로, 반드시 해야 한다"고 때때로 느끼는 일들은?

①
②
③

제10단계

나의 '개인 Vision'에 반드시 포함시키고 싶은 요소들은?

(1) 나는 무엇을 하고 싶은가?
①
②
③

(2) 나는 어떤 사람이 되고 싶은가?
①
②
③

(3) 내가 존재하는 이유로, 반드시 선택하고 싶은 가치와 원칙은 무엇인가?

①
②
③

제8단계에서는 "내가 하는 일 또는 내가 할 수 있는 일 중에서 다른 사람들에게 가장 큰 가치를 가져다주는 일들이 무엇이라고 생각하는지"를 적는다. 이때는 다른 사람들이 가치 있다고 느낄 것을 전제하면서 기록하라.

제9단계 "내 인생에서 반드시 해야 한다고 느끼는 일들이 있다면 이것이 무엇인지"를 기록한다. 이 같은 일들은 내가 지금은 하고 있지 않지만 반드시 해야 한다고 생각하는 당위성을 가진 일들을 의미한다.

제10단계 나의 개인 비전에 꼭 포함시키고 싶은 요소를 3가지를 적는 것으로 여기에는 첫째, 나는 무엇을 가지고 싶은가. 둘째, 나는 어떤 사람이 되고 싶은가. 셋째, 나는 어떤 일을 하고 싶은가 등이 포함된다.

개인적 인생 목표에 해당되는 제 10단계를 조금 더 자세히 살펴보자. 우리 개개인의 입장에서 보면 개인 비전은 1) 갖고 싶은 것, 2)하고 싶은 것, 3) 되고 싶은 존재 등으로 구성된다. '갖고 싶은 것' 은 앞에서도 간략히 다루었지만 우리가 자신의 인생에서 무엇을 가지고 싶은지, 즉 소유와 관련되는 것이다. '하고 싶은 것' 은 인생에서 어떤 일을 하고 싶고 또 달성하고 싶은가와 연관된다. 마지막인 '되고 싶은 존재' 는 나는 어떤 종류의 사람이 되고 싶은가로 이 질문에 대한 답에는 자신의 가치관이 반영될 뿐만 아니라 계발하고 싶은 개성, 장점, 그리고 자질 등도 포함된다.

개인 비전 개발 프로세스 4

✚ 제11단계

내가 10단계에서 기록한 내용을 달성하기 위해서는 어떤 skill, 지식, 그리고 전략이 필요한가?

①
②
③

✚ 제12단계

내가 '되고 싶은 사람'이 되기 위해서

(1) 지금 당장 시작해야 하는 것은 무엇인가?
①
②
③

(2) 지금 당장 그만 두어야 할 것은 무엇인가?
①
②
③

(3) 앞으로도 계속해야 할 것은 무엇인가?
①
②
③

제11단계는 내가 바로 직전의 제 10단계에서 작성한 것들을 달성하기 위해서 꼭 필요한 스킬, 지식, 전략, 그리고 가치 등이 무엇인지를 작성한다.

제12단계에서는 "진정으로 되고 싶은 내가 되기 위해서" 1) 지금부터 당장 시작해야 되는 것이 무엇인지, 2) 지금부터 당장 중단해야 할 일은 무엇인지, 3) 앞으로도 지금처럼 계속해야 할 일은 무엇인지를 작성하는 것이다. 대부분의 사람들은 단지 얕은 수준의 생각만 하기 때문에 이 실습이 요구하는 심층적 사고를 하는 것은 쉽지 않다. 하지만 깊은 수준의 심층적 사고는 우리들에게 진정으로 중요한 아이디어와 생의 지혜를 제공해 준다.

〈그림 6-10〉

내가 목표를 수립할 때 고려하는 요소

1.

2.

3.

4.

5.

6.

7.

8.

비전 실현을 위한 목표 수립의 스마트SMART 법칙

인생 목표인 비전을 수립을 할 때 SMART 법칙에 입각하면 효과적이다. 스마트SMART는 영어의 첫 두문자를 딴 것으로 우선 S는 그 목표가 '구체적인가' 여부를 다루는 Specific이다.

두 번째 M은 '측정가능한' Measurable의 약자이다. 이는 해당 목표가 달성되었는지 여부가 측정가능한가를 다룬다. 다시 말해 목표를 수립하면 그 결과의 달성 여부를 잴 수 있지 않으면 곤란하다.

A는 '달성 가능한가' 로 본인의 입장에서 '실현가능성' 을 다루는 Attainable을 의미한다.

R은 관계가 있는지 여부Relevant로, 이 '목표가 나와 관련이 있는가' 이다. 즉 내 자신과는 전혀 관계없는 목표를 세워 놓으면 목표달성은 애시 당초부터 물 건너 간 셈이다.

마지막 T는 시간 틀Time frame이다. 이는 시간의 흐름에 따라 단기, 중기 그리고 장기로 계획을 짤 수 있는가와 관계된다.

〈그림 6-11〉

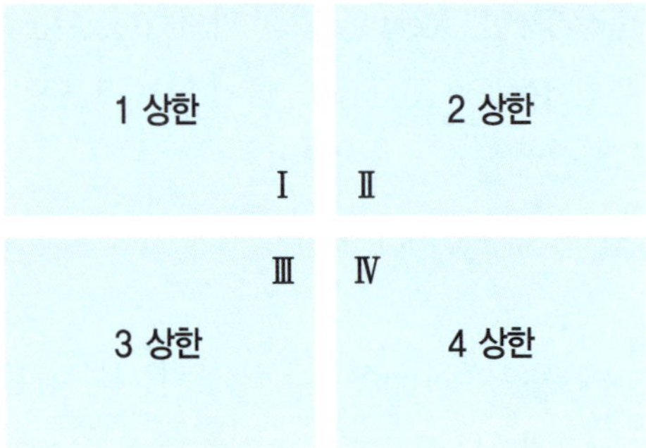

비전, 미션 그리고 타임매니지먼트

시간이란 자산은 어느 누구에게나 공평하다. 가진 자/가난한 자, 많이 배운 사람, 적게 배운 사람, 남/여, 나이 많은 사람, 젊은 사람, 국적 및 문화 이 모든 것에 관계없이 시간은 공평하다. 비전 실현과 관계되는 활동Action과 시간 매니지먼트는 불가분의 관계인 동전의 양면과 같다. 좌측에 제시된 각각의 상한에 해당되는 활동을 생각해 보고 적어보자.

시간을 구분해보는 방법으로 두 가지 기준을 활용하다. 즉, 하나는 중요성Importance이고, 다른 하나는 급박성Urgency이다. 중요성이란 그 일이 나에게 얼마나 절실하고 필요한가를 말한다. 급박성이란 그 일이 얼마나 급박한 수행을 요구하는 가를 말한다. 우리는 이 두 개의 차원을 가지고 시간을 분류한다. 이처럼 시간을 분류하는 방법은 일을 나누는 방법과 동일하다. 어떤 일은 급하고 중요한 반면, 어떤 일은 급하지만 중요하지 않은 일도 있다. 또한 급하지는 않지만 중요한 일, 마지막으로 급하지도 않고 중요하지도 않은 일 등으로 구분이 가능하다.

시간관리 매트릭스를 학습하면 자신이 만든 비전을 실현하기 위해서 어떤 일 또 어디에 시간을 투입하는 것이 좋은지를 알 수 있다. 우선 시간은 4개의 4분면(상환)으로 구성된다.

I 상한에 해당되는 첫 번째 4분면은 중요하고 급한 일을 다룬다. 여기에는 위기와 관련된 일들이 해당된다. 예를 들어서 집에 사고가 났다든지, 불이 났다든지 하는 것처럼 위기와 관계되는 일들은 화급히 조치를 요구하기 때문에 급하고 중요하다. 나아가 시간 압박을 받는 일들, 납기에 쫓기는 일들, 당장 끝내지 않으면 안 되는 프로젝트 등도 급하고 중요한 일들이기 때문에 바로 여기에 속한다.

II상한에는 급하지는 않지만 중요한 일들이 포함된다. 여기에는 준비하는 일, 위기가 오지 않도록 예방하는 것, 자기가 왜 살아가는지와 같은 가치의 명료화, 계획 수립, 인간관계 형성, 진정한 의미의 휴식 등등이 있다.

제III분면으로는 급하기는 하지만 중요하지 않은 일들이 해당된다. 중도에 방해를 받는 일, 스팸 메일, 불필요한 전화를 받는 일 등은 여기에 해당된다. 사무실에 있는데 전화가 계속 울린다. 뛰어가서 받아 보니 잘못 걸려온 전화였다. 상관없는 우편, 불필요한 보고서, 나하고는 관계없는 회의나 미팅 등도 여기에 해당된다. 마지막 제IV 분면에는 급하지도 않고 중요하지도 않은 차원이다. 밤늦게까지 과도한 음주하기, 친구와 만나서 불필요한 얘기까지 모두 하는 과도한 노닥거림, 낭비적인 쾌락추구 활동, 쓸데없이 바쁜 일들, TV를 밤을 새워가면서 보는 것 등등은 중요하지 않고 급하지도 않은 일들이기 때문에 낭비적 시간 사용이라고 볼 수 있다. 특히 자신의 비전 실현과 연계하여 시간 관리 매트릭스를 살펴보면 현재, 여기서 자신이 어떻게 시간을 보낼까를 알 수 있다.

〈그림 6-12〉

우선 순위에 대한 나의 정의

우선 순위란(Prioritizing)?

1.

2.

3.

4.

5.

6.

7.

8.

우선 순위Prioritizing 설정하기

우선 순위란 무엇인가. 이것은 해야 할 일 중에서 무엇이 급하고 또 중요한 일인가를 결정하는 방법이다. 할 일은 다수인데 시간은 제한되어 있다. 만일 시간이라는 자원이 무한정하다면 우선 순위를 정할 필요가 없다. 유한한 시간은 아껴 쓰지 않으면 안 된다.

우리가 시간을 아껴 쓰려면 급하고, 중요한 일에 먼저 또 집중적으로 시간을 투입해야 한다. 그리고 급하고 중요한 일이 일어나지 않게 하는 것도 대단히 중요하다. 이를 위해서는 준비하고, 계획하는 일처럼 급하지는 않지만, 중요한 일에 많은 시간을 투입하지 않으면 안 된다.

이처럼 우선 순위를 잘 설정하는 사람은 자기 시간을 효율적 및 효과적으로 사용할 수 있다. 좌측 페이지 시트에 우선 순위라는 것을 어떻게 이해하는지 자기의 생각을 몇 가지 기록해 보자.

〈그림 6-13〉

할일의 연기 / 지연 : 이를 분석해 본다

1. 당신은 가끔씩 과업 수행을 회피합니까?

2. 당신이 가진 어떤 태도가 과업회피의 원인이 됩니까?

3. 당신은 오늘 할 일을 내일로 미루어야 하는 경우가 빈번히 있습니까? 그 이유는?

마냐냐와 만만디

오늘 할 일을 내일로 미루는 것, 당장 해야 할 일을 뒤로 미루는 버릇을 가지고 있는가? 영어권에서는 이것을 '뒤로 미룸'(핑계대고 자꾸 미룸; Procastination)이라고 말한다. 그 의미는 "해야 할 일을 제때 하지 않고 자꾸만 뒤로 미루는 행동"이다. 이런 행동하는 사람들이 많으면 그 나라 문화의 특징으로 보는 경우도 있다. 멕시코에 가면 사람들이 "마냐냐"라는 말을 자주 한다. 이는 스페인어로 '내일' 이란 뜻으로 지금 하지 않고 다음에 하겠다는 의미이다.

우리는 '급하고 중요한 일'은 뒤로 미루기가 어렵다. 그러나 중요하긴 하지만 급하지 않은 일 같은 것은 자꾸 뒤로 미루는 성향이 있다. '뒤로 미루는 행동' 을 국민성으로 다룬 책들도 많다. 과거에 중국 사람들을 "만만디"라고 불렀다. 즉 마음이 느긋하고, 서두르지 않고, 일이 있다고 당장 해치우려고 서두르지 않고 자꾸 뒤로 미루는 기질을 말한 것이다. 물론 오늘날 중국인은 자본주의에 심취하고 있으니 옛날과는 천양지차이다.

당신은 오늘 할 일을 내일로 미루는 경우가 있는가? 그 이유가 무엇인가? 우리는 성격 탓도 있겠지만 그날 할 일을 어떤 이유로든 자꾸 뒤로 미루는 경우가 많다. 이처럼 미루지 않아야 될 일을 뒤로 미룬다면 미룬 일들이 한꺼번에 쌓여서 일 자체를 포기하는 경우가 생긴다. 이 같이 미루는 습관은 우리가 업무를 추진하는 데 큰 장애물이다. 이것은 나아가서는 시간 관리에 대단히 비효율적이다.

여러분이 할 일을 뒤로 미룬다면 그 이유는 무엇일까? 해야 할 일이 분명히 있는데 이것을 자꾸 뒤로 미루는 그 이유가 무엇인지를 체크리스트에 한 번 기록해 보자. 사람들은 "귀찮아서, 하기 싫어서, 위기감이 없어서" 등과 같은 여러 가지 이유를 적는다. 여러분의 경우는 어떤지 한 번 기록해 보자. 그 다음으로 "자기도 모르게 자꾸 뒤로 미루는 습관" 이 있다면 이 습관을 극복하는 방법은 무엇일까? 자기에게 적합한 해결방안이 무엇인지를 한 번 생각해 보고 기록해 보자. 이것은 나도 모르게 해야 할 일을 어떻게 하면 이 버릇을 고칠 수 있을까에 해당된다.

〈그림 6-14〉

미루는 습관 : 그 이유를 알자

✚ 나는 왜 해야 할 일을 뒤로 미루는가?

(1) :

(2) :

(3) :

(4) :

(5) :

(6) :

✚ 뒤로 미루는 습관을 극복하는 방법은?

(1) :

(2) :

(3) :

(4) :

(5) :

(6) :

나는 왜 해야 할 일을 뒤로 미루는가?

앞에서 살펴본 '해야 할 일을 뒤로 미루는 행동'을 극복하는 액션 플랜을 짜 보자. 이를 위해서 '연기하고 지연시키는 행동에 대한 체크리스트'를 중심으로 뒤로 미루는 행동의 원인을 분석한다. 실제 사람들이 어떤 일이나 활동을 자꾸 뒤로 미루는 이유를 찾아보면 급하고, 중요한 일들은 여기에 해당되지 않는다. 그 대신 급하지는 않지만 중요한 일들을 자꾸 뒤로 미룬다. 그러나 여기에 해당되는 일들은 미래준비 활동인데, 단지 급박감을 없기 때문에 뒤로 미룬다. 이 같은 활동들을 찾아서 한 번 기록해 보자.

연기하고 뒤로 미룰 때 자기 자신은 어떤 태도를 가지는지 살펴보자. 이 경우는 자기 자신에 대한 확고한 비전이나 미션이 없기 때문이다. 자기가 살아가야 할 인생의 목표, 방향, 달성하고 싶어 하는 꿈이 있는 사람은 미루는 태도를 갖지 않는다.

새벽 3시에 늘 기상하던 현대그룹 창업주 고 정주영 회장은 새벽이면 잠자리에 누워있을 수 없을 정도로 가슴이 뛴다고 했다. 왜냐하면 자신이 실현해야 할 비전과 미션이 너무나 뚜렷했기 때문이다. 비전이나 미션을 명료하게 하는 것은 시간 관리 및 모든 활동과 관계가 된다.

멕시코의 '마냐냐' 또는 중국의 '만만디'와 같이 뒤로 미루는 태도와 행동을 해결하는 방안은 무엇인가? 그 솔루션도 찾아보자. 내가 만일 이 같은 습관을 중지하면 어떤 것을 달성할 수가 있을까를 한 번 살펴보자. 그렇게 되면 내가 어떤 결과를 얻을 수 있을까? 언제까지 그런 것을 바꿀 수 있을까? 어떤 단계를 통해서 이 같은 활동을 할 수 있을까? 이상에 대해 자기 자신의 생각을 기록해 보자.

결국 시간이라 하는 것은 우리 모두에게 가장 고귀한 자원이다. 자원은 유한하다. 시간에 대한 자기 자신의 통제력을 증대시킨다면 이 유한을 무한으로

〈그림 6-15〉

나는 어떤 일을 뒤로 미루는가?

✚ 앞에서 작성한 연기/지연 체크리스트를 중심으로, 당신이 뒤로 미루고있는 과업이나 활동을 찾아 보자.

(1) :

(2) :

(3) :

당신이 연기/지연을 하게 되는 태도 :

해결방안 :

달성하고자 하는 내용 :

요망하는 결과 :

기한 :

활동단계 :

바꿀 수 있다. 시간에 대한 통제력을 증대시키는 것은 '인생목표설정'에서 나온다. 살아생전에 해야 할 일이 무엇인지, 나라는 존재가 남기고 가야 할 미션은 무엇인지를 명료하게 하자. 인생 100세 시대가 열리고 있다. 30년 배우고, 30년 일하고, 30년 기여한다는 '새로운 시대' New age가 전개되고 있다. 이처럼 절대 시간이 연장되는데 「시간관리 기술」을 학습하지 못하면 이는 마치 40세에 요절하는 것과 같다.

〈그림 6-16〉

시간을 창조하는 그 비밀

✚ 시간에 대한 통제력을 증가시키는 것은 전향적으로 나아 가게 되는 지름길이다. 당신은 이를 통해 시간을 더 잘 통제할 수 있다.

시간 통제의 3가지 방법

1. 고립
2. 절연
3. 위임

시간 통제력의 증대방안

주어진 시간을 스스로 활용하고 자기 뜻대로 사용하기 위해서 시간 통제법을 살펴보자. 이를 위해서는 1) 다른 사람들이 방해하지 못하도록 자기만의 시간을 창조하는 것이다. 다른 사람과 늘 어울려 있으면 자기 자신만의 시간을 가질 수 없다. 예컨대 상대방과 함께 있어서 자꾸 말을 건다든지, 질문한다든지, 부탁한다든지 하면 자기 시간을 자기 뜻대로 사용할 수가 없다. 앉아서 자기 공부를 하려고 하는데 옆에 사람이 "이게 뭐에요" "이것 좀 도와주세요"라고 한다면, 정신을 집중하기가 어렵다. 2) 해야 할 일을 될 수 있으면 타인들에게 위임Delegation하는 것이다. 위임을 잘 하는 사람은 자기 시간을 확보할 수 있다. 이를 잘 하려면 다음의 몇 가지 조건들이 필요하다.

먼저 대신해서 그 일을 해 줄 사람이 있어야 한다. 그 다음은 이들이 자기 대신에 일을 할 수 있도록 역량을 개발해 주어야 한다. 그리고 이들이 대신해서 일을 하도록 동기부여를 하는 것이 중요하다. 대부분의 경우 사람들은 대신 일해 주는 대가로 돈을 요구한다. 따라서 금전적 지불능력이야말로 위임을 하는 데는 결정적 요소이다. 『이웃집 백만장자』라는 책의 저자는 돈의 필요성에 대해서 구체적으로 소개하고 있다. "돈은 자유를 가져다 준다"라고 저자는 밝힌다. 즉 나 대신 일하는 사람을 사용할 수 있는 능력은 바로 그 일을 하는 대가를 지불할 수 있는지 여부에서 나온다는 것이다. 그래서 부유한 사람은 자기가 모든 일을 하지 않고 남을 부릴 수 있기 때문에 많은 위임을 할 수 있다. 이상을 요약 정리하면 자기 스스로에게 주어진 시간을 컨트롤 하는 방법으로는 고립, 절연, 위임을 들 수가 있다. 자 여러분들은 어떤 방법을 선호하고 좋아하는지 한 번 생각해 보자.

〈그림 6-17〉

시간관리 효율성 체크리스트 1

✚ 잠시 다음의 문장을 읽어보십시오. 자신에게 어느 정도 부합하는지 적절한 칸에 숫자로 표시하십시오.

평정방법 • 거부 1 2 3 4 5 동의 •

1. 나는 내 자신의 인생(생활)에 대해서 책임을 지고 있다고 느낀다.
   1 2 3 4 5

2. 나는 시간을 보내는 방법에 대해 잘 알고 있다.
   1 2 3 4 5

3. 나는 스스로 통제할 수 있는 일에 노력을 집중한다.
   1 2 3 4 5

4. 나는 다른 사람을 비난하기보다는 내 자신의 기분과 행동에 대해 책임을 진다.
   1 2 3 4 5

5. 나는 어려운 상황에도 잘 대처한다.
   1 2 3 4 5

6. 나는 내 인생에서 달성하기를 원하는 것이 무엇인지 알고 있다.
   1 2 3 4 5

7. 나는 위기에 처하지 않도록 준비한다.
   1 2 3 4 5

시간 관리 효율성 체크리스트

시간관리 효율성 체크리스트를 통해 내 자신이 현재 어디에 있는지 파악해 보자. 다음의 문장을 읽어 보고 이 내용이 자기 자신에게 어느 정도 부합하는지를 해당되는 난에 체크해 보자.

평정 방법은 5점 리커트 척도로, '5는 완전한 동의', '1은 완전한 거부' 이다. '3은 중간 정도' 가 된다. 시간관리 체크리스트를 점검해 보면 자기가 시간관리를 어떻게 하는지를 알 수 있다. 이 진단법의 특징은 다음과 같다.

(1번) 나는 내 자신의 생활 즉 자기 인생에 대해 책임을 지고 있다고 느낀다. 이 질문은 내가 스스로 하는 생활을 잘 플랜하고 또 잘 이끌어가고 있는지를 묻는다.

(2번) 나는 시간을 보내는 방법에 대해 잘 알고 있다. 즉 시간을 사용하는 방법이 여기에 해당된다.

(3번) 나는 스스로 통제할 수 있는 일에 노력을 집중한다. 다시 말하면 스스로 컨트롤 할 수 있는 방식으로 시간을 사용한다는 뜻이다.

(4번) 나는 내 자신의 기분과 행동에 책임을 진다. 이는 내가 어떤 기분을 갖는지 어떤 행동을 하는지 스스로 책임을 진다는 것이 되겠다.

(5번) 나는 어려운 상황에도 잘 대처한다. 어려운 상황에 대처 하는 것은 허둥대지 않고 통제력을 가지고 시간을 관리하는 것을 말한다.

(6번) 나는 내 인생에서 달성하기를 원하는 것이 무엇인지 알고 있다. 이 질문은 자기 자신이 만든 인생 목표와 인생 비전과 관계되는 것이다.

(7번) 나는 위기에 처하지 않도록 준비한다. 이는 급하지는 않지만 중요한 일들에 대해 시간을 할애하여 늘 준비하는 활동을 말한다.

시간관리 효율성 체크리스트 2

8. 나는 실제 일을 시작하기 전에 적당한 양의 시간을 시간계획 수립에 할애한다.
   1 2 3 4 5

9. 나는 큰 단위로 시간계획을 짠다.(예. 하루, 한 주일, 한 달)
   1 2 3 4 5

10. 나는 해야 할 가장 중요한 일을 재빨리 결정한다.
   1 2 3 4 5

11. 나는 생활의 여러가지 측면(예. 일, 가족, 친구 등)들 사이의 시간 배분에 적절한 균형을 유지할 수 있다.
   1 2 3 4 5

12. 나는 계획과 실천에 잘 훈련되어 있다.(예. 시간을 뒤로 미루는 것 등)
   1 2 3 4 5

13. 나는 바쁜 일 때문에 자신의 인생에서 가장 중요한 것을 잃어버리는 일은 없다.
   1 2 3 4 5

14. 나는 중요한 목표가, 중요도가 떨어지는 일 때문에 달성되지 않는 일이 없도록 시간을 조직화한다.(예. 불필요한 방해, 사소한 일 등)
   1 2 3 4 5

(8번) 나는 실제로 일을 시작하기 전에 적당한 양의 시간을 시간 계획 수립에 할애한다. 사람들은 계획 없이 일부터 시작하는 경우가 많다. 이는 아무 100m를 달리는데 아무 생각 없이 출발했다가 50m까지 나갔을 때 방향이 잘못된 것을 알고 다시 출발점으로 되돌아오는 것과 같다.

(9번) 기간에 따라 서로 다른 시간 계획을 수립한다. 즉 하루, 일주일, 월, 분기 그리고 연 단위 등으로 시간계획을 짜는지 여부와 관계된다.

(10번) 나는 해야 할 가장 중요한 일을 재빨리 결정한다. 이는 중요한 일이 무엇인지를 결정할 능력이 있다는 의미이다.

(11번) 나는 인생에서 여러 가지 과제들 즉 일, 가족, 친구 사이에 적절하게 시간을 배분하고 균형을 유지한다. 다시 말해 워크 홀릭Workholic에 치우치지 않도록 하는 것이 여기에 관계된다. 워크 홀릭은 일에 파묻혀 사는 사람을 말한다. 워크 홀릭은 자기가 해야 하는 여러 가지 역할 중에서 일방적으로 일에만 치중하다 보니 가족, 친구 등과 같이 시간을 보내는 데는 소홀히 하는 경우가 많다.

(12번) 나는 계획을 실천하는 데 잘 훈련되어 있다. 이는 어떤 일을 할 때 시간을 자꾸 뒤로 미루는 일을 하지 않는다는 것이다.

(13번) 나는 바쁜 일 때문에 자신의 인생에서 가장 중요한 것을 잃어버리는 일은 없다. 바쁘다고 일을 뒤로 미루어 중요한 일을 포기하는 경우는 없다는 것이다.

(14번) 중요한 목표 달성이 중요도가 떨어지는 일 때문에 희생되는 일이 없도록 시간을 잘 활용한다. 즉 불필요한 방해나 사소한 일 때문에 내 자신의 시간이 방해받지 않는다는 것이다.

시간관리 효율성 체크리스트 3

15. 내가 매일 하고 있는 일들은 내 인생의 전체 목표에 기여하는 의미 있는 일들이다.
    1 2 3 4 5

16. 나는 내 자신을 개선하기 위해 다른 사람들로부터 피드백을 받는다.
    1 2 3 4 5

17. 나는 현재 하고 있는 분야에서 남들보다 뒤떨어지지 않는 충분한 지식을 가지고 있다.
    1 2 3 4 5

18. 나는 신체적 건강 및 심리적 건강을 돌본다.
    1 2 3 4 5

19. 나는 다른 사람과 관계를 형성하고 또 개선하기 위하여 노력한다.
    1 2 3 4 5

20. 나는 인생의 의미와 즐거움을 찾는 시간을 갖는다.
    1 2 3 4 5

(15번) 내가 매일 하고 있는 일들은 내 인생의 전체 목표에 기여하는 의미 있는 일들이다. 이는 인생의 토탈 목표와 지금 하는 일이 한 방향으로 정렬되어 있는지 여부를 말한다.

(16번) 나는 내 자신을 개선하기 위해서 다른 사람들로부터 피드백을 받는다. 즉 내 자신이 조금씩 나아지고 또 발전하도록 다른 사람이 주는 충고나 조언에 귀를 기울이는 것을 의미한다.

(17번) 나는 현재 하고 있는 분야에서 남들보다 뒤떨어지지 않으며 언제나 충분한 지식을 가지고 있다. 자기가 하는 일을 항상 업데이트하고 낡고 뒤처지도록 내버려 두지 않는 것을 말한다.

(18번) 나는 내 스스로의 신체적 건강과 정신적 건강을 돌본다. 실제 신체와 정신과의 관계는 어느 것이 더 중요한지 또 어떤 것이 선행하는지 밝히기가. 하버드대학 심리학교수 Ellen Langer는 몸이 아픈 것과 심리적 아픔과는 불가분의 관계라고 밝히고 있다(2009). 우리는 신체적 건강뿐만 아니라 이와 더불어 정신, 심리적 건강도 중요하다.

(19번) 다른 사람과의 관계를 형성하고 개선하기 위하여 노력한다. 좋은 인간관계를 말하는 것으로 여기에는 배우자, 가족, 친구, 지인 그리고 낯선 사람들 까지 포함된다.

(20번) 인생의 의미와 즐거움을 찾는 시간을 갖는다. 이것은 긍정심리학에서 말하는 긍정성을 가지고 세상을 보고 또 살아가는 것을 말한다.

이상은 모두 20개 문항이다. 만일 20개 문항 모두에게 5점을 줬다면 100점 만점이 된다. 각 문항에 모두 1점을 주었다면 20점밖에 되지 않는다. 중간은 50점이 되겠다. 이 20개의 문항에서 75점 이상이 되면 무난하다. 목표는 75점 이상이라는 것을 유념하고 점수가 떨어지는 문항은 무엇인지 액션 플랜을 짜서 그것을 바꾸도록 시도해 보자.

〈그림 6-18〉

시간관리 효율성 체크리스트 4

질문	합계	원칙
1 – 5 = 6 – 10 = 11 – 15 = 16 – 20 =		· 자기 인생에 책임을 지는 것 · 자기 인생에 대한 계획수립 · 계획을 행동으로 옮긴다 · 개인 자산을 혁신 및 쇄신

비전, 생의 의미 추구 그리고 시간 관리의 피드백 및 정리

많은 사람들이 개인 비전을 개발하지 못하고 하루하루를 살아가고 있다. 비전을 개발하는 것은 자기인생의 목표를 수립하는 것이다. "생의 의미추구"라는 핵심 개념을 통해 로고 치료(Logotherapy)를 개발한 오스트리아 심리학자이자 정신분석학자였던 Victor Frankle은 『생의 의미 추구』라는 저서를 출판하였다.

베스트셀러가 되었던 그의 책은 한국에서는 이화여자대학교출판부에서 『죽음의 수용소에서』라는 제목으로 출간하였다. 프랭클은 이 저서에서 심리치료법 중의 하나인 로고 치료법을 소개한다.

그는 인간이라는 존재는 자기 인생의 의미 추구에 목표를 둔다고 주장한다.

여기서 그리스어로 Logo는 '의미' 를 뜻하며, 영어로는 Meaning, 독일어로는 Bedeutung에 해당된다. '생의 의미' 라는 것은 개인 비전을 말하는 것이다. 즉 내가 자신의 인생에서 어떤 의미를 부여하는 가를 밝히는 것이다.

빅터 프랭클은 나치 독일이 유태인 박해를 할 때 오스트리아 수도 빈에서 전 가족과 함께 폴란드에 있는 아우슈비츠 강제 수용소로 끌려갔다. 기차 화물칸에 짐짝처럼 실려서 짐승 취급을 받으며 간 곳이 악명 높은 아우슈비츠이다. 수용소 도착 후 나치가 가장 먼저 한 일은 유대인 수용자들을 분류하는 작업이다. 건강하고, 튼튼하고, 젊은 사람은 좌측 줄에 서고 나이 많고, 연약하고, 병자이고, 또 여자들은 우측에 서게 하는 식으로 구분하였다. 프랭클은 좌측에 서고 서게 되고 그의 두 자녀와 부인은 우측에 서게 된다. 그래서 부인과 자녀들은 첫 날 도착하자마자 가스실에서 죽고 프랭클만 살아남는다. 이 과정에서 그가 자신의 생명보다 더 소중하게 생각했던 로고세라피를 다룬 원고를 감시병이 빼앗아 찢어 버린다. 이 순간부터 프랭클은 자신은 반드시 살아남아서 그 원고를 다시 쓰고, 이를 통해 인류를 도와줄 것이라고 결심한다. 이것이 프랭클이 세운 '생의 목표' 였다. 제2차 세계대전 후 하버드대학에 초청받고 그가 영어로 펴낸 그의 저서 『죽음의 수용소에서』는 약 450만 권 이상이나 팔려서 지구촌이 모두 그의 이론을 반겼다.

우리가 생의 의미를 추구하는 활동, 생의 목표를 얘기할 때는 반드시 빅터 프랭클을 예로 들게 된다. 그는 몇 년 전, 98세로 타계했다. 젊어서는 비록 고생했지만, 다행히 장수하면서 이 세상에 큰 기여를 한 셈이다. 이상을 다시 정리하면 개인 비전개발이라 하는 것은 생의 목표 및 생의 의미추구이며, 이는 스마트 법칙에 의해서 플래닝할 수 있다. 이를 위해서는 시간관리와 시간관리 매트릭스, 시간관리 매니지먼트 등을 몸에 익혀 효과적으로 시간을 다스리는 능력을 가져야 한다.

Smart Organizational
Psychology

커뮤니케이션, 즉 소통을 하는 방법은 문화에 따라 다르다. 즉 한국문화, 일본문화, 중국문화, 독일문화, 프랑스문화 등 해당 문화의 사람들이 좋아 하고 즐겨 하는 커뮤니케이션 스타일이 다르기 때문에 말이 서로 다른 것 외에 문화차이가 소통의 양과 질에 큰 영향을 미친다. 재미있는 사례로 이탈리아 사람들은 커뮤니케이션을 할 때 손과 발을 이용하는 제스처를 많이 쓴다. 로마 경찰이 소매치기를 한 청년을 체포하였다. 수갑을 채워 경찰서에 데리고 와서 조사를 하는데 아무리 심문을 해도 이 청년이 말을 안 하는 것이었다. 경찰이 화가 나서 "너 왜 말을 하지 않니"라고 다그치자 청년이 대답하기를 "이것을 풀어 줘야 말을 하지 이처럼 묶어놓고 어떻게 말을 합니까"라고 손에 채인 수갑을 가르키더라는 것이다. 이처럼 대화를 할 때 제스처, 즉 손동작을 많이 활용하는 문화가 있는 반면 전혀 움직이지 않고 조용히 말하는 문화도 있다. 북부 유럽 즉 독일이나 스칸디나비아 사람들인 노르웨이, 스웨덴, 덴마크 사람들은 말을 할 때 손동작을 하고 목소리도 크지 않지만, 남부 유럽 예를 들어 스페인, 포르투갈, 프랑스, 이탈리아 등은 손발을 많이 사용할 뿐만 아니라 목소리도 크다.

Chapter 7
커뮤니케이션

커뮤니케이션 스킬 개발
한국적 커뮤니케이션
한국 문화와 커뮤니케이션
격조 높은 커뮤니케이션 역량 개발
불치병도 치료하는 커뮤니케이션
도쿄 학습원 대학
JAL 아카데미 숙녀코스

커뮤니케이션 스킬 개발

커뮤니케이션 스킬을 개발해야 할 필요성에 대해서 살펴보자. 세상이 바뀌고 시대가 변화됨에 따라 양적 성장 시대는 끝나고 지금은 질적 확대시대로 돌입했다. 양적 성장시대는 국민소득이 10,000달러 미만인 5~6천 달러 전후일 때를 말한다. 이때는 수요가 공급을 앞서기 때문에 대학과정만 마치면 일자리는 충분히 있었다. 그러나 질적 확대의 시대에 접어들면서 공급이 수요보다 커지기 때문에 일자리를 찾는 후보자는 많지만 이들을 수용할 일자리는 상대적으로 적다. 이 처럼 양적 성장시대에는 사람에 대한 수요가 많았지만, 질적 확대 시대는 업무를 해 낼 수 있는 퍼포먼스 중심의 인재를 찾는다. 다시 말해 성과를 올릴 수 있는 사람만 찾아서 채용하는 것이다.

양적성장 시대가 이제 한국을 떠나서 후발 국가인 중국이나 인도로 넘어갔다. 게다가 국내기업들이 수도 없이 해외로 진출해 나가기 때문에 국내에서는 인적자원에 대한 수요가 상대적으로 줄어들고 있다. 특히 전 세계를 대상으로 비즈니스를 하는 글로벌 기업들은 국적을 상관하지 않는다. 예를 들어 나이키라는 스포츠 웨어, 스포츠 운동화 등을 만드는 세계적인 이 회사의 국적은 어디일까? 본사가 뉴욕에 있으니 미국회사일까? 또 다른 예로 삼성전자의 주식 60%를 외국인들이 보유하고 있다. 그러면 삼성전자는 한국회사일까 아니면 글로벌 회사일까? 이제 와서 과거처럼 국적을 따진다고 하는 것은 옛날식 사고방식이 되어버렸다. 글로벌 기업에서 요구하는 소통기술은 로컬 기업과는 다르다.

한국적 커뮤니케이션

한국적 커뮤니케이션의 특징을 살펴보자. 우리나라 사람들은 처음 만나면 상호간에 공통점을 찾기 위해 아주 바쁘다. 우선 만남의 첫 장면에서는 서로 명함을 교환한다. 명함 속의 나타난 정보를 통해 상대방이 나보다 더 큰 회사에 근무하는지, 그 사람의 직위가 얼마나 높은지, 회사는 얼마나 좋은 위치에 있는지 등을 파악한다.

예컨데 나는 대리인데 상대는 과장이라면, 또는 나는 과장인데 상대는 부장이라면 상대가 나보다 나이가 많을 것이라고 유추할 수 있다 명함에 회사 전화번호가 많이 적혀 있으면 이 회사는 우리 회사보다 규모가 크다고 파악한다.

명함에는 잘 나타나지 않지만 상대방의 출신 대학, 출신 고등학교 등을 파악하는 데도 관심이 많다. 과거 일류 중 · 고등학교가 있을 때 출신 고등학교가 어디냐에 따라서 당사자의 지적 역량과 기타 부수적인 정보파악이 가능했었다.

아직도 청와대에서 비서관을 뽑거나 고위 공직자를 임명할 때 반드시 출신 고등학교가 나오는 것도 한국적 특징이다. 이처럼 학연을 따져서 학교가 같거나 비슷하다면 안심한다. 동기생 및 동창생에 대한 애착 역시 각별하다.

한국 사람은 유난히도 혈연을 많이 따진다. 같은 성씨라면 본은 어디인가부터 시작하여 무슨 파인가 까지 관심이 많다. 출신 고향도 많이 따진다. 고향이 같거나 비슷하면 동질성을 느끼기도 한다. 나아가 군대에 관해서도 서로 따진다. 몇 년도 입대하였는지, 군번은 얼마인지, 근무했던 군부대는 어딘지 등도 주요한 정보이다.

이상과 같이 동질성과 유사성을 찾으면 그때부터는 마음 놓고 대화를 하는 것이 한국적 커뮤니케이션의 두드러진 특징이다. 외국인과 대화를 할 때 그 나라 말을 잘 하는 사람도 당혹해 하는 것은 동질성과 유사성을 찾지 못하기 때문이다. 삼성그룹 유럽 법인장을 역임한 전직 삼성 고위 임원은 영어 실력이 그룹 내에서 탁월한 사람이었다. 새 공장을 영국에 건립하고 테이프를 끊는 날 영국 여왕 엘리자베스가 참가하였다. 여왕을 자기 사무실에 모시고 행사 전 보낸 30분이 3년 같았다고 토로한 적이 있다. 그의 말을 빌리면 "무엇을 말해야 할지, 어떻게 해야 할지, 머리 속이 온통 하얗게 변색해 가는 것 같았습니다."

한국 문화와 커뮤니케이션

한국문화와 커뮤니케이션 관계를 살펴보자. 사실 우리는 타민족과 어울려 지내는 노하우가 부족하다. 한국인이 외국에 나가서 일하기 시작한 것은 구한말(1890년대) 소수의 인원이 중국인 근로자들과 함께 하와이 사탕수수 농장으로 간 것이 처음이었다. 그 후 1960년대 초 독일에 광부와 간호사가 진출한 것이 근래에 와서 일을 하기 위해 해외로 간 최초 모델이었다. 월남전 참전을 계기로 하여 월남에 근로자로 다수의 인원이 파견된 것은 그 후에 일어난 일이다.

글로벌 시대에는 다른 나라 사람들인 이민족과 함께 어울려서 살아가며 일하데 필요한 노하우가 매우 중요하다. 국내에도 현재 130만 명 이상의 외국 근로자들이 와서 일하고 있지 않는가. 이들과 소통하고 협력하는 것은 우리나라 사람들에게 부여된 주요한 과제이다. 글로벌 시대에는 가치관 역시 달라져야 한다. 과거처럼 체면만 중시하기보다는 실용을 우선시하는 것이 필요하다.

한국 문화는 과거에 실질적이고 유용한 것을 우선시하는 사고방식에 익숙하지 못했다. 게다가 유교식 삼강오륜 교육을 받은 덕분에 수직적 인간관계형성에 익숙하다. 우리가 배운 유교식 삼강오륜은 남녀유별하고 장유유서하기 때문에 나이가 많은 사람과는 커뮤니케이션이 잘 안 된다. 또한 단일 민족으로 고립되어 오랫동안 살아 온 덕분에 이민족에게는 배타적인 제노포비아 Xenophobia 성향도 강하다. 여기서 제노포비아란 외국인을 무서워하고 두려워하는 증상을 말한다. 이제 이 같은 제노포비아는 극복해야 하지 않을까.

격조 높은 커뮤니케이션 역량 개발

'마이 페어 레이디'라는 영화를 본적이 있는가. 유명한 여배우 오드리 햅번이 주연한 영화인데 그 스토리는 다음과 같다. 음성학 교수인 히킨스 박사가 넝마를 걸치고 꽃을 파는 소녀를 만난다. 히킨스 박사는 꽃 파는 소녀 엘리자를 데리고 자기의 전공분야인 음성학을 통해 커뮤니케이션 능력을 가르쳐 준다. 이처럼 돌보고, 가르치고, 키워준 결과 소녀는 마침내 완벽하고 또 격조 있는 커뮤니케이션 역량을 갖추게 되었다. 이렇게 준비된 엘리자는 꽃 파는 가난한 소녀에서 일약 영국 런던의 사교계 스타로 탄생한다. 그 같은 과정에서 교수와 소녀가 서로 좋아하고 사랑하게 된다는 스토리이다.

이 영화는 영국의 유명한 극작가 버나드 쇼의 피그말리온이라는 원작에서 나왔다. 영화가 주는 메시지는 커뮤니케이션이 가진 힘이다. 커뮤니케이션을 잘 할 수 있다는 것이 얼마나 중요한지 또 이 역량이야 말로 인생을 바꿀 수도 있다는 메시지를 가득 담고 있다. 우리도 "나는 그저 생긴 대로 커뮤니케이션을 해요"라는 태도를 바꿔야 한다. 여기에는 남성도 해당되고 여성도 예외가 아니다. 커뮤니케이션을 잘한다는 것이 얼마나 중요한지, 그리고 그것을 잘함으로써 우리의 운명도 바뀔 수 있다는 것에 유념하자.

불치병도 치료하는 커뮤니케이션

우리는 일상생활의 90%의 시간을 다른 사람들과 대화하면서 지낸다. 그래서 대화를 하는 기본적 자세가 바로 되어 있으면 당사자는 훨씬 훌륭한 인격을 가진 것으로 보인다.

일본 TV 방송과 한국 TV 방송을 비교해 보자. 일본의 아나운서들은 조용하게 보도하고 말하는 데 비해 한국 아나운서들은 쉽사리 격양되고 흥분해서 보도한다. 후자의 경우가 다이나믹해서 좋다고 할 수도 있겠지만, 사실전달이면 충분한 내용을 자신의 감정전달까지 하는 것은 소통에 문제가 있는 것이 아닐까.

커뮤니케이션이 큰 기적을 일으키는 사례를 살펴보자. 암환자 중 더 이상 의학적으로 치료가 불가능하다고 사형선고를 받은 사람들만 모여 있는 치료센터가 미국 캘리포니아에 있다. 이 센터 이들 환자들에게 하는 유일한 치료방법은 언어를 통한 치료Verbal therapy이다. 그런데 놀랍게도 이 언어치료를 통해서 15~18% 환자의 상태가 나아진다고 보고하였다. 언어치료는 언어치료 심리학자의 목소리, 커뮤니케이션의 질과 분위기, 또 환자들을 도와주는 감성적 커뮤니케이션 등이 결합되어 있어 놀라운 치료효과를 가지고 온다.

도쿄 학습원 대학

이제부터 실제 사례를 몇 개 들어 보자. 일본 도쿄에 있는 학습원 대학은 도쿄시내에 캠퍼스가 있고 여자 학생들만 만 명 미만의 대학이다. 이 대학에는 여대생을 위한 숙녀 코스가 개설되어 있다. 한 학기과정으로 진행되는 이 과정은 수강학생들에게 매너와 에티켓, 대화기법, 그리고 예의범절을 가르친다. 그 다음에는 대인 접대법, 전화 응대 나아가 걸음 걷는 법 등도 지도한다. 일본사회에서는 이 대학의 숙녀 코스 과정을 높이 인정하고 있다.

그러면 예의범절과 에티켓의 차이점은 무엇인가. 예의범절은 같은 나라, 혹은 동일한 문화에 속하는 사람들끼리 서로 예의를 지키고 격식을 갖추는 것이다. 이에 비교해서 에티켓은 다른 나라에서 온 외국인 즉 이문화에서 온 사람들과 상호작용하고, 대화하고, 협상하고, 나아가 커뮤니케이션 할 때 지켜야 하는 국제적 예의를 말한다.

그럼 예를 들어보자. 인천공항 떠나서 외국에 나가면 한국 남성들도 여성들에게 친절하다. 옷도 받아주고, 앞에 먼저 가게하고, 레이디 퍼스트라는 에티켓에 유념한다. 그러나 귀국해서 인천공항에 내리기만 하면 글로벌 에티켓은 없어진다. 즉 남자가 앞서고 부인은 뒤에 따라 온다.

이것은 한국식 에티켓과 글로벌 에티켓이 서로 다른 면을 보여준다. 앞에서 소개한 학습원 대학에서는 여성들이 상류사회에 숙녀로서 진입하는 것을 가르쳐주고 있다. 이 학교의 교육방침은 학문적으로 지식만 갖추는 것이 인격자를 양성하는 것이 아니라고 보고 인격 배양의 기본을 가르치고 있다.

JAL 아카데미 숙녀코스

일본항공 JAL에서 운영하는 JAL아카데미라는 연수원이 있다. 이 연수원은 지금은 재정적으로 큰 어려움을 겪고 있는 JAL이 잘 나갈 때 독립 채산제로 설립하였다. 여기에 개설된 숙녀 과정은 취업준비와 결혼준비를 하는 여성들을 위한 것이다.

이 코스는 참가자들의 인격을 증대시키고, 다른 사람과 차별화가 될 수 있는 커뮤니케이션 역량을 가르치기 때문에 개인의 브랜드 가치를 높여준다. 이 숙녀코스를 찾는 여성들은 대부분이 대학졸업반 학생들이고 각 과정은 6개월, 3개월, 1달 코스 등으로 되어 있다. 다수의 큰 회사들이 다투어 이 과정수료자를 비서직으로 요청하고 있고 이들은 신부감으로도 환영받고 있다. 만일 이런 과정이 국내에 있다면 여러분들도 다니고 싶지 않겠는가?

Smart Organizational
Psychology

기업이 찾고 있는 글로벌 인재의 조건은 무엇인가? 기업은 글로벌리제이션을 추진할 수 있는 인재가 필요하다. 이들이 찾는 인재는 성과를 낼 수 있는 사람이다. 이렇게 성과 중심으로 사람을 관리하는 것을 성과 경영(퍼포먼스 매니지먼트)라고 한다. 퍼포먼스는 개인이 맡은 직무의 크기에다가 목표 달성도를 곱한 것이다. 조직에는 직무가 큰 사람이 있는 반면에 직무가 작은 사람도 있다. 예를 들어서 미국의 다국적 기업들 IBM, P&G, Rockwell 등의 CEO가 맡은 직무는 대단히 크다. CEO의 목표달성에 따라서 그 조직의 성과도 달라진다. 거대한 대기업의 회장이 갖고 있는 직무의 크기는 대학을 막 졸업하고 이 회사에 입사한 직원이 맡는 직무의 크기와 양과 질이 다르다.

글로벌 조직들은 글로벌 환경에서 지속가능하고 생존 가능한 경쟁력을 확보하기 위해서 달성도가 높은 인재를 찾는다. 이를 위해서 글로벌 인재의 선발 및 육성이 오늘날 기업의 중요한 과제이다. 이것을 인재개발(인재관리;Talent Management)라고 하는데 우리나라의 대표 기업들인 삼성, POSCO, LG, 현대차 등의 CEO들이 맡은 가장 큰 책무 중에 하나이다. 특히 최근 CEO 평가기준 중 하나는 우수한 S급 인재를 얼마나 많이 영입하느냐를 다룬다. S급 인재는 한 사람이 만 명 내지 10만 명을 먹여 살릴 수 있을 만큼 새롭고 다른 창조적인 아이디어를 발상해내고 그것을 상품화할 수 있는 능력을 가진 사람을 말한다.

Chapter 8

글로벌 인재의 조건

EU에서 찾는 인재상

새로운 목표 설정 : 젊은 청년들에게 주는 메시지

글로벌 인재의 감성역량

인생은 변화의 연속 : 헬렌켈러로부터 지혜를 학습하다

〈그림 8-2〉

글로벌 인재의 역량

EU에서 찾는 인재상

EU에서 통용되는 인재는 어떤 사람일까. EU는 유럽연방으로 독일 수상 아데나우어와 프랑스 대통령 드골이 그 초석을 놓았다. 독일과 프랑스 두 나라 지도자가 씨를 뿌리고 그 후에 EU가 탄생했지만 역사적으로 보면 EU라는 개념은 로마시대부터 존재해왔다. 우리가 잘 알다시피 유럽은 다수의 작은 나라로 구성되어 있다. 로마가 지금부터 천 년 전 유럽을 경영할 때, 이들은 거점을 중심으로 식민지를 관리하였다. 로마식 식민지 경영법을 살펴보면 이태리에서 출발해서 스위스의 율리아Julia파스Pass를 지나 독일로 와서 레겐스부르크Regensburg라는 뮌헨Muenchen근방의 한 지역을 직영 식민지로 만들었다. 따라서 레겐스부르크라는 독일의 한 도시는 로마의 직영 영토가 된 것이다. 그 다음에는 250km 정도 떨어진 마인츠Mainz가 또 다시 로마의 영토가 된다. 그 다음에 북쪽으로 올라가 지금의 카셀Kassel이 로마의 영토로 되고 다시 퀼런Koeln이 로마의 직할 식민지가 된다. 이처럼 1,000년 전 인구가 적은 로마가 유럽 전 지역을 통치한다는 것은 불가능했었다.

이제 통합로마의 새로운 형태인 EU에서 찾는 인재상을 살펴보자. EU의 인재상을 보면 정상적인 대학교육을 받고 몇 가지 외국어 구사력을 갖춰야 한다. 즉 자국어를 제외하고 적어도 3개 그러니까 자기나라 말까지 합하면 4개 언어를 구사하는 사람을 요구한다. 여기서 외국어 구사력은 읽기, 쓰기, 말하기를 통해 소통과 협상을 자유롭게 하는 수준을 말하는 것이다. 이제 예를 들어 영국 사람으로서 EU가 찾는 인재가 되고자 한다면 모국어인 영어를 빼놓고 독어, 불어, 이태리어 등을 구사하는 능력을 가져야 한다.

독일 사람인 경우에는 독일어를 빼놓고 프랑스어, 이탈리아어, 스페인어를, 프랑스사람인 경우에는 프랑스어를 제외한 독어, 영어, 스페인어 등과 같은 언어 구사능력이 요구되는 셈이다. EU 멤버 국가이지만 나라 크기가 비교

〈그림 8-3〉

기업이 기대하는 인재상

1 글로벌 마인드 인재

2 다양성에 대해 수용하는 인재

3 자유롭게 해외 출장을 갈 수 있는 인재

4 인간미가 있고 마음이 따스한 인재

적 작은 네덜란드, 노르웨이, 스웨덴 등의 국민들은 외국어에 특히 강하다. 외국어에 강한 나라들이 잘 사는 나라이다. 예컨데 인구가 3만 명밖에 안 되는 룩셈브루크의 국민소득은 12만 불이 넘는다. 노르웨이 10만 불 및 스위스 10만 불 등 작은 나라가 강한 나라들이다.

EU인재에게 그 다음 요구되는 것은 이문화(異文化)에 대한 역량 Cross-cultural competency이다. 이는 다른 나라 사람과 어울려서 팀 멤버로 일할 수 있느냐 하는 역량을 말한다.

하버드 비즈니스 스쿨에서 가르치는 "이문화 관리 케이스"를 다루어보자. 이 회사는 미국에 본사를 둔 다국적기업으로 유럽 본부는 스위스 취리히(Zuerich)에 위치하고 있다. 취리히에 부임해 온 본부장은 이집트 출신의 미국인이며, 부인은 스페인 계통 미국인Spanish American이다. 취리히 본부에 근무하는 비서는 스위스 여자이다. 본부장 밑에서 활동하는 각 지역 관리자는 이태리인, 스페인인, 영국인, 독인인 등으로 구성되어 있다. 여러분이 미국 본사의 사장이라면 이런 다양한 문화로 구성된 사람들을 어떻게 관리할 것인가? 여기서 사례로 든 각 나라 사람들이 가지고 있는 가치관, 사고방식 그리고 문화특성 등에 대해서 마음에 그림이 그려지는가? 실제 이문화 이해라는 것 자체는 엄청나게 어려운 과제이고 큰 도전이다. 왜냐하면 오늘날 대부분의 조직들은 서로 다른 언어, 관습, 사고방식 등을 가진 여러 나라 사람들이 모여서 함께 일하고 있기 때문이다.

〈그림 8-4〉

EU에서 찾는 인재

1. 정상적인 대학교육 외에 다수 외국어 구사력
(자국어를 제외하고 적어도 3개국어)

2. 이문화에 대한 역량 요구(Cross-cultural competency)

3. United Europe은 향후에 가는 방향임

4. 문화, 관습, 사고방식 등이 동질화 되지만 EU회원국은
모두 Unique culture보유

새로운 목표 설정 :
젊은 청년들에게 주는 메시지

앞에서 다룬 내용들이 우리 한국 젊은이들에게 주는 메시지는 무엇인가. 우리는 이제부터 국내 기업만 취업 대상으로 삼지 말자. 지금부터 우리가 활동할 무대는 로컬이 아니라는 사실을 명심하자. 그런데 이처럼 로컬에서 글로벌로 점프하려면 가장 필요한 역량이 외국어 구사력이다. 이와 함께 똑같은 정도로 중요한 것은 이문화 역양Cross-cultural competency이다. 이문화 역량에는 다른 문화에 대한 이해, 수용, 협상력 그리고 리더십 등이 포함된다. 현재 우리나라에서는 어느 대학, 어떤 조직에 가도 이문화 역량에 대해서 배우기가 쉽지 않다. 사실 오천 년 우리나라 역사에서 단군 이래 치룬 전쟁의 횟수가 무려 970번이다. 그런데 우리가 싸움을 하자고 한 적은 한 번도 없고 늘 상대방이 쳐들어 오거나 남들의 싸움에 싸움터를 빌려주곤 해왔다. 이처럼 우리는 역사적으로 늘 다른 나라에 당해 왔기 때문에 다른 나라를 침략해서 식민지로 경략한 경험이 없다. 다시 말해 이문화 관리 경험이 전무한 셈이다.

그러나 세상이 바뀌었다. 이미 막을 연 FTA시대의 인재들은 커뮤니케이션 스킬, 협상스킬, 팀 빌딩스킬, Cross-cultural 스킬 등을 역량으로 갖추어야 된다. 여기에다 외국어 역량도 갖추는 것이 21세기 생존의 무기이다. 한국어를 제외하고 적어도 2~3개 외국어는 마스터하자. 언어를 마스터한다는 것은 자유롭게 말하고, 자유롭게 쓰고, 자유롭게 협상하고, 자유롭게 리드할 수 있는 수준이 되어야 한다는 것을 의미한다. 토익 점수가 영어의 마스터 수준을 나타내는 기준이 절대 아니다. 취업에 대한 뉴 패러다임을 가지고 외국으로 일자리를 찾아 나가자. 이처럼 외국에 도전해서 나도 살고 우리나라도 살리자.

〈그림 8-5〉

이문화로 영역을 확대하라

- 국내만 취업영역이 아니라는 사실을 숙지하자.
- 국내 취업 기회가 어려우면(Local Market) 넓은 글로벌 시장으로 나가자.
- 이를 위해서, 커뮤니케이션 스킬, 협상 스킬, 팀 빌딩 스킬, Cross-cultural Skill 등을 갖추자.
- 외국어 역량은 필수적인 생존의 무기이다.
- 한국어를 제외하고 적어도 2~3개 외국어를 마스터하자.
- 취업에 대한 뉴 패러다임을 가지고 도전해서 나도 성장하고 우리나라도 살리자.

글로벌 인재의 감성역량

사람들이 자기 인생에서 성공을 하기 위해서는 필요한 것이 '지적 능력' 인가 아니면 '감성 능력' 인가. 하버드대학의 심리학 박사인 다니엘 골만Daniel Goleman은 이 주제를 집중적으로 연구하였다. 그는 하버드 대학 졸업자들을 대상으로 장기간 연구Longitudinal Research를 실시하였고 그 연구 결과가 그의 저서 감성지능Emotional Intelligence에 소개되었다. 결론적으로 그는 인생에서 성공을 하는 데는 머리 좋고, 공부 잘하고, 지적 수준이 높은 IQ도 중요하지만 더 중요한 것은 서로의 감정을 이해하고, 수용 및 공감하고 나아가 커뮤니케이션과 동기부여를 하는 감성 지능Emotional Intelligence 즉 EQ라고 강조하였다.

IQ는 지적 능력을 말한다. 우리는 유치원에서부터 시작하여 대학을 졸업하는 순간까지 IQ인 지적 능력을 키우기 위해서 수많은 시간과 에너지를 투입해 왔다. 그런데 이 같은 하드 영역에 속하는 지적능력보다 더 중요한 감성 능력을 측정하고 또 개발하는 데는 비교적 무관심한 셈이었다. 특히 감성적 역량은 성인이 되어 결혼을 해서 남과 부부가 되는 경우 필요하다. 회사에 들어가서 조직의 일원이 되고 팀의 멤버가 되면 필요하다. 나아가 친구, 동료, 그리고 이웃과의 인간관계 구축에도 필요하다.

컨설팅 및 교육훈련 전문 기관에서는 '감성역량개발과정'을 가르치고 있다. 이 과정은 남과 어울려서 일하는 모든 사람들에게 필요한 내용을 다룬다. 지적 역량은 나이가 들면 점차 떨어지지만, 감성 역량은 나이가 드는 것과 별 관계가 없다. 왜냐하면 감성 역량은 지식보다 지혜에 더 가깝기 때문이다. 감성 역량 개발은 점차 증가하는 다른 문화 사람들과 일하는 팀 및 조직에서 절실히 필요로 한다. 나아가 국내 기업의 직원들이 다른 나라로 진출할 때 반대로 외국 기업의 직원들이 국내로 들어와서 비즈니스를 할 때 상호 필요로 한다. 다양하고 이질적 사람들로 구성된 다문화 팀Multicultural team에서는 이성과 머리로 커뮤니케이션 하는 것 보다 가슴과 마음으로 커뮤니케이션 하는 역량이 필요하다. 이문화 컨설팅Cross-cultural consulting이란 분야는 다른 문화에 가서 활동해야 하는 사람들에게 그 나라 문화를 이해하는 방법을 제시한다. 특히 문화를 7가지 차원으로 구분한 Fons Trompenaars의 "7 Dimensions of culture"는 단편적으로는 이해하기 어려운 다른 문화를 접근할 때 좋은 길을 제공해 주는 것이다. 이문화 상황에서 커뮤니케이션, 협상, 그리고 타협 Reconsiliation 등을 하는 방법론에 대해서도 문화에 따라 접근할 필요가 있다.

〈그림 8-6〉

헬렌켈러로부터 희망을 배운다

만약 내가 사흘간 볼 수 있다면

첫날에는 나를 가르쳐 주신 설리번 선생님의 얼굴을 보겠습니다.
그리고 산으로 가서 아름다운 꽃과 풀, 그리고 빛나는 노을을 보고 싶습니다.
둘째날엔 새벽에 일찍 일어나 먼동이 터오는 모습을 보고 싶습니다.
저녁에는 영롱하게 빛나는 하늘의 별을 보겠습니다.
셋째날엔 아침 일찍, 부지런히 출근하는 사람들의 활기찬 표정을 보고 싶습니다.
점심때는 아름다운 영화를 보고
저녁에는 집에 돌아와서 사흘간 눈을 뜨게 해주신 하느님께 감사의 기도를 드리고 싶습니다.

– 헬렌 켈러

인생은 변화의 연속 : 헬렌켈러로부터 지혜를 학습하다

새로 사회에 진입하는 젊은 청춘의 고뇌를 함께 하면서 "내 인생은 변화의 연속"이라고 한 유명한 헬렌 켈러의 스토리를 소개한다. 헬렌 켈러는 지구상에서 가장 불행한 사람이었지만 자기 운명을 가장 성공적으로 극복한 사람이다. 그녀는 눈으로 보지 못하고, 귀로 듣지 못하고, 말도 못하는 3중 장애자였다. 그녀가 남긴 글은 우리의 심금을 울린다. "저에게 사흘 동안 세상을 볼 수 있게 해 주시면 저는 다음과 같이 하겠습니다. 첫날에는 나를 가르쳐 주신 설리번 선생님의 얼굴을 보겠습니다. 설리번 선생님은 저에게 용기를 주고, 살아갈 힘을 주고, 나아가 인생의 의미를 부여한 분입니다. 그 다음날에는 새벽에 일찍 일어나서 먼동이 터 오르는 태양을 보고 싶습니다. 그리고 산에 올라가서 아름다운 꽃과 풀 그리고 빛나는 저녁 노을을 보고 싶습니다. 그리고 저녁에는 별을 보고 싶습니다. 셋째 날에는 아침 일찍 부지런히 출근하는 사람들의 활기찬 모습을 보고 싶고, 낮에는 아름다운 영화를 보고 저녁에는 집에 돌아와 사흘간 눈을 뜨게 해주신 하느님께 감사의 기도를 드리고 싶습니다." 헬렌 켈러에 비교하면 우리는 너무나 행복하지 않는가. 그녀가 하고 싶다는 절실한 희망을 우리는 매일매일 할 수 있지 않는가. 행복의 정도는 우리가 자기 자신을 누구와 또 어디에 비교하느냐에 따라서 달라진다. 사회심리학에서는 이것을 사회비교이론이라고 한다. 만일 내 자신을 나보다 못한 사람, 나보다 부족한 사람, 나보다 불행한 사람과 비교한다면, 나는 당연히 행복하다. 그러나 반대로 나보다 잘 나가는 사람, 나보다 잘 생긴 사람, 나 보다 뛰어난 사람과 비교한다면 불행해질 것이다. 우리는 헬렌 켈러보다 너무나 행복하다. 미래에 진입하는 것이 쉽지 않지만, 해결의 출발점은 대부분 나 자신으로부터 시작된다. 이제부터 나는 목표 설정을 뚜렷하게 하지 않고, 목표를 향한 실천을 게을리 한 것은 아닌지, 특히 자신의 미래 청사진을 그리는 데 너무나 인색했던 것은 아닌지 자성해 보자.

Smart Organizational
Psychology

잡 서치는 내가 원하고 희망하는 조직과 일, 즉 직무를 찾아내는 것이고, 취활(就活)이란 취업에 관련된 전반적인 활동 모두를 포함한다. 취업활동(就業活動)이 바로 여기에 해당된다. 지구상에 4만개도 넘는 직무(Job)가 있고, 매일 생겨나고 매일 사라져 간다. 과거처럼 한 교육과정을 종료하는 것이 자동적으로 취업과 연결되는 시대는 지났다. 우리는 취활 전반을 철저히 파악하고 준비해 나가도록 하자.

평균 수명의 증가는 한국을 OECD 국가 중 상위권으로 올려놓았다. 즉 여자는 82세 남자는 79세를 돌파한 것이다. 평균 수명이 길어진다는 것은 일하는 시간이 늘어나는 것이다. 다행히 퇴직연령이 몇 년씩 연장되고 있으므로, 일을 하기 위해서는 자신의 직무 스킬을 늘 학습하고 쇄신해야 한다. 한 가지 직무 스킬로 퇴직 때까지 일을 하는 시대는 지났다.

Chapter 9

미래창조 : 잡 서치(Job Search)와 취활(就活)스킬

잡 서치Job Search와 인터뷰 스킬Interview Skill

인터뷰 ; 그 의미

인터뷰 ; 중요성과 접근성

인터뷰 유형들

D-Day 전략1(면접 당일)

D-Day 전략2

D-Day 전략 3

D-Day 전략 4

D-Day 전략 5

D-Day 전략 6

D-Day 전략 7

면접 종료 후 후속 추적 Follow up 전술

〈그림 9-1〉

취활 스킬 Job Search Skill

INTERVIEW SKILL

- Job을 얻기 위해서는 Job Search Skill을 개발
- 졸업장은 취업 보장서가 아님
- 희망하는 회사, 산업분야, Job 그리고 내자신의 Skill 등의 매치
- 인터뷰가 취업의 최종 관문이기 때문에 이를 준비하는 전략과 전술 개발이 필요
- 무모하게 아무 준비 없이 임하는 인터뷰는 백전백패

잡 서치Job Search와 인터뷰 스킬Interview Skill

성공 취업을 하기 위해서는 우선 일자리Job(직무)를 찾는 것이 시작이다. 이것을 잡 서치Job Search 활동이라고 한다. 직업과 직무Job의 숫자가 엄청나게 많아진 오늘날 일자리를 찾는 기술 역시 엄청나게 복잡해졌다. 얼마 전까지

는 신문, 잡지, 방송 등이 구인 정보를 제공하는 매체였다면, 오늘날에 와서는 인터넷과 스마트 폰 등이 추가되었다. 특히 회사들은 자체 웹사이트를 통해서 상시 채용 시스템을 구축해 놓고 있다. 회사가 만든 웹사이트에 들어가서 채용 관련 정보를 찾아보면 언제 사람을 필요로 하는지 정보가 나와 있다. 경우에 따라서는 지금 당장은 사람을 필요로 하지 않지만, 자기 회사에 관심을 가지고 있는 후보자는 이력서와 소개서를 남기라고 요청하기도 한다.

과거 기업들은 신입사원들을 뽑고 교육훈련을 시켜서 자기 사람을 만들어 일을 시키는 것이 보통이었다. 그러나 요즘 기업들은 경력자를 선호한다. 따라서 자기 경력을 잘 정리해서 직무 탐색(job search)에 활용하지 않으면 안 된다. 대학졸업장이 취업을 보장하는 시대는 지났다. 물론 과거에도 졸업을 했다고 해서 취업을 보장하진 않았지만, 특히 근래에 와서는 청년들의 일자리가 점점 줄어드는 수요자 마켓이기 때문에 대학 졸업이 곧 바로 취업으로 연결되지 못하는 경우가 허다하다.

이러한 변화된 추세에 적극적으로 대처하기 위해서는 취업 희망자는 일자리 찾는 활동Job Search Activity를 일찍 시작하는 것이 좋다. 즉 대학 입학과 동시에 시작하는 것이 바람직하다. 먼저 자기가 일하고 싶은 산업 분야나 특정 기업을 정해 놓고 자신을 그 스타일로 만들어 가는 것이 바람직하다. 예를 들어 금융업, 제조업, 유통업 등 자신이 미래에 몸 바쳐 일하고 싶은 영역을 구체적으로 결정하는 것이 중요하다. 이때 반드시 자신이 가진 강점과 장점을 고려해야 한다. 대인관계스킬이 뛰어난 사람이 연구나 개발 쪽으로 간다면, 이것은 적절하지 않은 선택이 될 가능성이 크다. 자신의 가진 역량과 스킬이 회사가 제공하는 직무와 부합되는 것(매치; Match)이 중요하다.

〈그림 9-2〉

인터뷰 스킬 : 그 의미

INTERVIEW SKILL

- 성공 인터뷰 기법을 몸에 붙인다
- 단순히 "How to"가 아니라 실제 실습을 통해서 "What to do" 를 중심으로 Action Learning을 한다
- 인터뷰 스킬을 몸에 붙여 Right Time에 Right Job을 얻는다

인터뷰 ; 그 의미

잡 서치의 마지막 단계인 채용을 위한 인터뷰는 최종 관문이다. 그런데 인터뷰를 준비하는 데는 전략과 전술이 필요하다. 인터뷰는 사실상 일자리 찾기의 마무리 단계이다. 최종 단계인 취업 인터뷰를 성공적으로 마무리하지 못하면 취업은 물 건너간다. 특히 철저한 준비 없이 임하는 인터뷰는 백전백패이다. 또 적당히 준비하고 인터뷰에 임하는 사람도 실패하기 십상이다. 필자 자신은 수년간 삼성 그룹 자문교수로 초청받아 채용 인터뷰를 함께 해 왔다. 특히 삼성인력 개발원의 외부 전문가로 신입 사원 채용시 채용인터뷰 실시자 및

평가자로 초청받아 참여하였다. 그런데 매년 다수의 후보자들이 준비를 잘 못하거나 부족한 상태에서 인터뷰를 받으러 오는 사실을 반복해서 보았다. 준비 없이 무모하게 임하는 인터뷰는 백전백패라는 사실을 반드시 유념하자.

인터뷰 ; 중요성과 접근성

인터뷰는 취업을 성공적으로 마무리하는 데 가장 중요한 마지막 단계이다. 여기에서 실패하면 다시 다른 기회를 찾아나서야 한다. 이처럼 인터뷰는 취업 운명이 결정되는 데도 불구하고 취업 후보자들 중 안이하게 적당히 준비하는 경우가 많다. 이들이 하는 준비래야 인터넷을 검색해서 남들이 올려놓은 인터뷰 예상 질문을 읽어보고 그들이 올려놓은 답을 모방해서 준비하는 수준에 그친다. 그런데 멋진 인터뷰를 해서 성공한 사람들은 자기가 실제로 한 내용을 인터넷에 올리는 일이 별로 없다.

미국의 미시간대학은 취업하고자 하는 대학생 및 일반인을 도와주는 컨설팅 서비스를 하고 있다. 외부 기관으로 취업 관련 정보 및 인터뷰 관련 스킬을 전문적으로 가르쳐주는 컨설팅회사도 있다. 이 회사들은 성공적으로 인터뷰를 할 수 있도록 스킬뿐만 아니라 자기 소개서와 이력서 작성도 코칭해 준다. 실제 후보자가 작성하여 회사로 보내는 자기소개서(Cover Letter)와 이력서 대부분은 인사담당자가 보지도 않고 그대로 휴지통이나 쓰레기통에 버리는 사례가 많다. 예컨대 필요한 직원은 5명인데 500명이 지원한 경우엔 495명은 추려내야 한다. 어떻게 자기소개서와 이력서를 작성해야 이 어려운 관문을 통과해서 인터뷰에 초대될 수 있을까. 어떤 컨설팅 회사는 채용 담당자의 눈길을 끌 수 있는 자기소개서를 작성해 주는 데 3,000달러의 컨설팅 요금을 요구하는 경우도 있다. 3,000달러를 내고 회사에서 면접을 보자고 하는 자기소개서와 이력서를 작성하든지, 아니면 혼자 작성해서 매번 실패하든지 그 선택은 개인의

〈그림 9-3〉

인터뷰 스킬의 중요성

INTERVIEW SKILL

- 인터뷰는 Job Search의 가장 중요한 단계로 실패하면 곧 바로 실직이다
- 자신의 '취업운명'이 결정되는 인터뷰임에도 불구하고, 많은 취업후보자는 너무나 안이하게 준비없이 임한다
- 인터뷰 프로세스에 대해 체계적으로 파악하고 이에 맞도록 준비하는 것만이 성공 취업의 확률을 높인다
- 인터뷰에서 효과적으로 커뮤니케이션하고, 프리젠테이션 하는 것이야 말로 채용 책임자에게 좋은 인상을 주고 이것이 바로 채용과 직결된다

몫이다. 이 같은 취업 컨설팅 회사에는 대개 회사에서 전직 인사담당자로 일하던 사람들이 근무한다. 컨설팅 비용이 과다한 만큼 취업 후보자가 2년 계약기간 동안 여러 회사들을 지원할 때 마다 이들 회사에 맞도록 자기소개서 및 이력서를 만들어 준다.

이처럼 전문가의 지도나 도움을 받는 것이야말로 취업에 성공할 확률을 높인다는 사실을 분명히 인식하자. 인터뷰를 하는 과정에서도 효과적으로 커뮤니케이션하고 또 프레젠테이션 하는 스킬이 반드시 필요하다. 인터뷰까지 와서도 그 경쟁률이 통상 3:1 내지는 5:1인 경우가 허다하다.

인터뷰를 통해서 회사 측 심사위원에게 "나야 말로 귀 회사가 찾는 바람직한 인재"라는 것을 설득하는 것이 채용의 지름길이다. 준비 없는 인터뷰는 100% 실패한다. 취업 후보자는 과학적으로 입증되고 또 연구조사를 통해서 개발된 인터뷰 스킬을 학습하는 것이 중요하다. 왜냐하면 인터뷰 그 자체는 사실상 대단히 복잡한 상호작용이기 때문이다.

제한된 시간에 질문을 던지는 사람과 답하는 사람이 공히 상호작용을 하기 때문에 취업후보자는 "어떻게 하면 짧은 시간에 적절하고 또 인상적인 답을 해서 심사위원들에게 자신이 바람직한 인재라는 사실을 부각시키는 것"이 필요하다. 즉각적 반응이 요구되는 인터뷰 프로세스를 암기해서 임한다는 것은 사실상 불가능하다. 질문과 답을 달달 외워서 인터뷰를 잘 한 사례는 별로 없다. 인터뷰를 시스템으로 접근함으로써 인터뷰 역량을 극대화시키자.

〈그림 9-4〉

인터뷰 스킬의 중요성

INTERVIEW SKILL

- 준비없이 임하는 인터뷰는 100% 실패한다.(인터뷰에서 선발 경쟁률은 평균 삼대일 내지 오대일)
- 과학적으로 입증되고 또한 리서치를 통해서 개발한 인터뷰 스킬을 학습한다.
- 인터뷰 그 자체는 대단히 복잡한 상호작용이다. 따라서 암기 등을 통해 학습하기란 불가능하다. 그러나 시스템적으로 접근하면 인터뷰 역량을 극대화 할 수 있고 이것이 성공취업 확률을 높인다.

인터뷰 유형들

인터뷰의 대표적인 유형을 살펴보자. '사전 인터뷰' 는 지원자가 너무 많기 때문에 이들을 선별하는 과정에 해당된다. 삼성전자나 LG전자의 채용담당자의 말을 들어 보면, 채용 시즌이 되면 날아오는 이력서와 자기소개서가 너무 많기 때문에 눈길을 끌지 않는 이력서는 컴퓨터에서 삭제delete시켜 버린다고 한다. 자기소개서와 이력서 외에 추가되는 스펙으로, 외국어 수준을 나타내는 TOEIC 점수, 자원봉사 활동 및 시간 등 몇 가지가 있다. 그러나 지망자들이 내는 내용이 거의 비슷해서 차별화되지 않기 때문에 자신의 비전, 지망 동기, 미래의 꿈 등을 다루는 부득이하게 자기소개서가 평가에 주요 기준이 된다.

얼마 전에 유명한 네덜란드의 Philips와 LG전자가 합작해서 만든 회사를 방문했다. 이 회사 인사담당 부장이 한 얘기가 있었다. "저희들이 국제 세일즈를 담당할 사람 한명을 뽑는 데 이력서가 몇 장이나 온지 아십니까?" 몇 장이나 왔는지 물으니 "475장이나 왔습니다." 이처럼 요즘에는 일자리(Job)가 괜찮다 싶으면 사람들이 구름같이 몰린다. 지원도 쉬워져서 우체국에 갈 필요 없이 인터넷으로 한다. 너무나 쉽게 지원할 수 있기에 경쟁률이 더욱 높아진다.

'그룹이나 패널 인터뷰'가 있다. 인터뷰를 대개 개인별로 하는 경우가 많지만, 후보자 3~4명씩 그룹으로 짜서 하는 경우도 많다. '스트레스 인터뷰' 가 있다. 직업 및 직종에 따라 스트레스 상황을 연출해서 이에 어떻게 대응하느냐를 보는 면접방식이다. '구조화된 인터뷰' 는 면접 내용을 사전에 준비하여 묻고자 하는 문항을 사전에 개발하고 표준화한다.

'비구조화 인터뷰' 는 현장에서 토의식으로 질문들이 제시되고 그 답변이 요구된다. '비구조화 인터뷰' 를 실시하는 면접관은 경험이 많고 숙달되지 않으면 곤란하다.

〈그림 9-5〉

인터뷰: 유형들

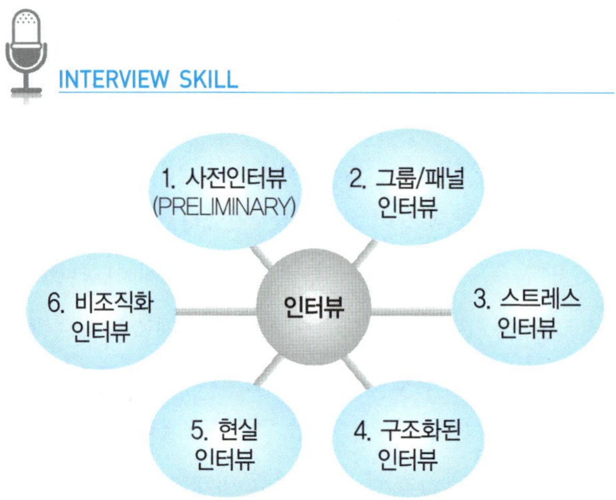
INTERVIEW SKILL
1. 사전인터뷰 (PRELIMINARY)
2. 그룹/패널 인터뷰
인터뷰
6. 비조직화 인터뷰
3. 스트레스 인터뷰
5. 현실 인터뷰
4. 구조화된 인터뷰

(1) 사전 인터뷰

인터뷰 종류를 하나씩 살펴보자. 먼저 '사전 인터뷰' 는 다수의 지원자를 대상으로 실시하여 최종적으로 채용권자가 조직의 인재상에 부합되는 후보를 선발한 수 있도록 하는 면접이다. 여기서 채용권자로는 회사 CEO가 되거나 또는 인사담당 임원이 될 수도 있다. 미국이나 유럽의 많은 회사들은 자기들이 필요한 채용을 자체에서 하지 않고 외부 채용전문 컨설팅회사에 맡긴다. 따라서 채용전문 인력을 회사들이 가지지 않는 경우가 많다. 특히 소수 인원을 선발하기 위해서 채용전문 인력을 가진다면, 회사는 과다한 비용이 들기 때문이다. 채용전문 컨설팅을 하는 회사는 회사의 위탁을 받아서 여러 가지 서류 점검, 심리검사실시 그리고 인터뷰 등을 통해 지원자들의 우선순위를 결정한 다음 최종 추천 리스트를 해당회사에 제출한다. 예를 들어 A라는 회사가 15명의 컴퓨터 프로그래머가 필요하다고 한다면, 채용전문 컨설팅 회사에서는 2배수 정도의 인원명단을 적합도 우선순위에 따라서 1등부터 30등까지 결정하여 회사에 제공한다. 물론 최종 결정은 회사 측에서 하게 된다. 따라서 이 같은 프로세스도 일종의 사전 인터뷰라고 볼 수 있다. 사전 인터뷰는 잠정적으로 필요하다고 판단되는 사람들을 소수 엄선하는 인터뷰로서 우리나라에서도 공기업의 사장을 공개채용 하는 경우에 활용되고 있다. 이때는 지원자의 사회적 지위, 역량, 경력, 성격 등 조직 적합도를 사전 인터뷰를 통해서 스크린하고 마지막에 소수 적정 대상만 본 인터뷰까지 가게 된다.

(2) 그룹 / 패널 인터뷰

그룹 또는 패널 면접에서는 채용 후보자들을 2~3명 또는 4~5명씩 집단으로 인터뷰에 참가시킨다. 국내에서는 삼성의 채용면접부터 비롯해서 이 형태의 인터뷰가 많이 실시되고 있다. 인터뷰의 객관성을 높이기 위해 면접관도 하나

〈그림 9-6〉

사전 인터뷰

INTERVIEW SKILL

- 다수의 지원자들을 스크린하여 최종적으로 채용권자 인터뷰에 참가할 대상을 선발함.
- 잠정적으로 필요하다고 판단되는 사람들을 소수, 엄선하는 인터뷰

또는 둘이 아니라 4명 내지 5명을 두고 있다. 구체적으로 보면 다수의 면접관들이 다수의 채용후보자를 인터뷰하기 때문에 상호 비교도 가능하고 개인 역량 파악도 가능하다. 이때 면접관들은 사전에 준비된 면접 예상 질문 리스트를 가지고 실시한다.

(3) 스트레스 인터뷰

적합한 인재를 뽑기 위해 최근에 와서 국내에서도 여러 회사들이 즐겨 활용하고 있다. 스트레스 인터뷰는 면접을 할 때 면접관이 스트레스 상황을 연출하고 후보자가 스트레스에 어떻게 대처하는지를 보고자 한다. 경우에 따라서는 의도적으로 비판하고 및 평가를 함으로써 후보자의 대응 방법 그리고 감정적으로 동요 여부 등도 관찰한다. 특히 업무상 긴장되는 상황이 발생할 때 어떻게 대처하는지에 대한 역량을 테스트하기 위한 것이다. 특히 업무 자체가 엄청난 압박을 받는, 예컨대 외환 딜러 같은 경우가 여기에 해당된다. 일 자체가 심리적, 정신적, 신체적으로 고통을 주는 일을 하는 사람들을 뽑을 때는 후보자가 고통과 압박에 어떻게 대응하는지를 평가하는 것이 대단히 중요하다. 스트레스 인터뷰의 경우 의도적으로 후보자를 스트레스 상황으로 몰아가는 경우가 빈번하다. 예컨대 "지금 한 대답은 믿기 어려운데요. 이력서에 기록한 내용을 솔직하게 한 번 말씀해 보시죠"라든지 "기분 나쁘죠"라고 말하고 후보자가 기분 나쁠 때 어떻게 반응하는지도 본다.

(4) 구조화된 인터뷰

많은 회사들이 사용하는 방법으로 일련의 질문을 인터뷰 매뉴얼 형태로 개발해 놓고 있다. 잘문 리스트에 있는 내용을 우선적으로 면접관이 물으면 후보

〈그림 9-7〉

그룹/패널 인터뷰

INTERVIEW SKILL

- 선발 인터뷰 프로세스에 2~3인이 그룹으로 동시에 참가함.
- 객관성을 높이기 위해서 면접관도 복수이고, 면접 후보자도 그룹으로 인터뷰 실시에 참가함. (삼성 채용면접)

자가 답을 하는 형태로 진행된다. 각 질문에 대해서는 우선순위가 정해져 있다. 예를 들어 학력이나 경력, 학교에서의 성적, 가정형편, 나아가 지망하는 동기, 교우관계, 미래의 꿈 등을 포함하는 것이 구조화된 면접의 일반적인 사례이다. 이때 후보자의 실무 경험, 요구되는 업무에 따른 역량, 그리고 업무가 요구하는 심리적 내성 등도 다루어지며, 선발 직무에 따라 인터뷰 내용은 차별화된다.

(5) 현실 인터뷰

이 기법은 전통적 인터뷰와 대비되며, 다음과 같은 질문을 할 수 있다. "고객이 불평을 할 때, 당신은 어떻게 다루겠습니까?" 경우에 따라서는 상황을 설정하고 이에 대응하는 방안을 질문한다. 예를 들어 여성들에게 인기 있는 화장품 관련 직무가 있다. 실제로 국내외 화장품 회사들은 여성들을 이 직종에 많이 채용하고 있다. 이들 회사들이 현실 인터뷰를 이용하여 다음과 같은 질문을 던질 수 있다. "입사 후 실제로 고객 불만에 직면한다면, 당신은 구체적으로 무엇을, 어떻게 조치하고 그리고 그 결과가 어떠할 것인가에 대해서 대답해 주세요." 특히 경력사원을 채용하는 경우는 현실 인터뷰를 활용하는 경우가 아주 빈번하다.

(6) 비구조화 인터뷰

비구조화 인터뷰의 경우 인터뷰 스킬이 부족한 면접관에게는 적절하지 못하다. 왜냐하면 면접관들에게도 가이드라인이 없으면 경우에 따라서는 자기 도취에 빠져서 자기 말만 잔뜩 늘어놓는 경우가 많고, 그 결과 별 초점 없이 면접을 진행하기 때문에 지망자를 당황하게 만든다. 그러나 노련한 면접관은 예

〈그림 9-8〉

스트레스 인터뷰

INTERVIEW SKILL

- 의도적으로 스트레스 상황을 만듦(스트레스 대응법, 비판 / 평가수용방법) 긴장된 상황에 대처하는 역량을 테스트하기 위한 것임

- High Pressure Job인 경우 – "어떻게 대처하는지를 평가함"

- 스트레스 사례

  "당신이 한 말은 믿기가 어려운데요…"
  "이력서에 기록한 것을 솔직하게 말해 보세요"

외라 할 수 있겠다. 국내 기업을 지망하는 경우에는 지망하는 회사가 선호하는 면접방법에 대한 정보를 수집하는 것이 중요하다. 외국 기업과 다국적 기업의 경우에도 사전에 정보를 입수하고 이를 활용하여 체계적으로 준비해야 된다. 면접은 정보수집, 철저한 준비, 면접시나리오 작성 그리고 완벽한 연습까지 같이 해야 원하는 목표를 달성할 수 있다.

〈그림 9-9〉

회사인터뷰 방법에 대한 탐색

INTERVIEW SKILL

- 많은 회사가 사용하는 인터뷰 방법

  일련의 질문을 준비하여 질문지 중심으로 묻고 후보자가 답을 하도록 요구함

- 후보자 경험/스킬과 요구되는 Job유형과 Task기준에 따라서 차별화된다.

D-Day 전략 1

성공적인 인터뷰를 하기 위해 면접 당일인 D-day전략을 한 번 살펴보자. 이것은 그간 십수년을 준비해 온 성공적인 사회진출을 하기 위한 마지막 순간이다. D-Day전략은 군사 용어로 해당하는 당일 어떻게 해야 할까를 말한다. 가장 중요한 것은 면접 장소에 정시에 도착하는 것이다. 특히 9시 30분부터 인터뷰가 실시된다고 할때 적어도 15분 전에는 반드시 현장에 도착해야 한다. 정해진 시간에 딱 맞춰서 도착하는 것보다 여유를 가지고 조금 먼저 가는 전략이다. 특히 교통이 복잡한 대도시에서 이뤄지는 인터뷰의 경우에는 적어도 하루나 이틀 먼저 면접하는 현장을 직접 방문해 보는 것이 중요하다. 그 이유는 사전에 위치, 방향, 거리 등을 정확하게 파악해서 실제로 그 장소로 가는 소요시간을 파악하는 것이 필요하기 때문이다. 특히 서울처럼 시내에서 교통이 정체되지 않고 차량들이 주행하는 것이 하늘에 별 따기처럼 어려운 교통지옥 대도시에서는 목표지점으로 가는 데 실 소요시간을 정확하게 파악하는 것이 너무나 중요하다. 또 시간대 별로 교통체증 유무도 반드시 점검하자. 시간을 지키기가 비교적 확실한 지하철을 이용하는 것도 한 가지 방법이다. 그러나 지하철도 자주 사용하지 않는 사람은 사전에 반드시 예행연습을 하는 것이 중요하다. 지방에서 올라가는 경우는 가장 바람직한 것이 면접 장소 가까운 곳에 숙박하여, 도보로 현장까지 갈 수 있도록 하는 것이다.

면접 장소에는 적어도 20~30분 이제에는 도착하자. 그 이유는 복잡한 교통편을 이용하면 출발하기 전에 준비한 자신의 외양, 옷 입은 스타일, 그리고 머리 매무새 등이 흔들릴 수가 있고 이를 체크하고 또 수정할 시간을 확보하는 것이 꼭 필요하기 때문이다. 실제로 인터뷰 장소로 이동하기 위해서 택시, 버스, 지하철 등을 이용할 때, 사람들과 부대끼다 보면 본래 집에서 나올 때 정리했던 모습이 달라져 있다. 따라서 면접 대기 장소로 가기 이전에 화장실에 들러서 얼굴을 보고 머리나 넥타이도 바로 잡는다. 여성의 경우 스타킹도 수정하

〈그림 9-10〉

제 1 Key Action : 긍정적/우호적 인상을 주는 인터뷰 (인터뷰 당일의 액션)

1. 정시도착
   : 사전 위치 확인, 소요시간 파악, 교통체증 유무 점검, 적어도 10분 전에 도착

2. 외양 및 외모를 체크한다.
   : 화장실에서 거울을 보고 머리, 넥타이, 스타킹 등을 수정

3. 향수, 콜로뉴Cologne, 헤어 스프레이는 금물
   : 화학제 향수는 면접관의 거부 반응을 유발

4. 대기실에서 적절한 행동 유지
   : 인터뷰 차례를 기다리는 동안에도 관찰되고 평가됨.

는 등 섬세한 준비가 꼭 필요하다. 요즈음 사람들은 과도할 정도로 화학제품 냄새가 나는 꼴로뉴나 헤어스프레이 등을 사용하는 경우가 있다. 그런데 이것은 절대 금물이다. 종류에 따라 어떤 향수는 사람들에게 거부감을 준다는 사실에 유념하자. 꼴로뉴 또는 꼴롱은, 본래 독일의 쾨른Koeln이란 도시의 불어식 표기인데, 냄새를 제거하기 위해 화장실에 뿌리는 물을 가리킬 때 사용한다. 그런데 이를 몸에 바르고 다니는 사람이 많다. 특히 헤어스프레이는 화학제품이기 때문에 냄새가 역한 경우가 허다하다. 그래서 이런 것을 잘못 사용하면 면접관이 불쾌감을 느낄 수 있다. 특히 여성의 경우 조심해야 한다. 오늘날 남성들도 화장이 대중화되었기 때문에 얼굴에 크림을 바른다든지 면도 후 애프터 쉐이브를 바르는 것은 기본이다.

추가로 면접 순서를 기다리는 대기실에서 적절한 행동을 하는 것이 대단히 중요하다는 것을 명심해야 한다. 인터뷰 차례를 기다리는 동안에도 후보자는 관찰되고 평가된다는 사실을 명심하자. 오늘날 우리나라 도처에 감시카메라가 있지 않은가? 그래서 어디에서 무슨 얘기를 하는지 나아가 자세 및 표정은 어떤지 유념해야 한다. 특히 인터뷰를 기다리면서 다른 후보자와 회사를 비방하는 얘기를 한다든지 대화해서 도움이 되지 않는 것은 하지 않는 것이 현명하다.

인터뷰 과정에서 후보자가 자신을 너무 강조해서 주장하면 면접관에게 건방지다는 이미지를 줄 우려가 있다. 반대로 너무 주장을 하지 않으면 소극적이거나 열정이 없다고 판단 받을 수 있다. 그래서 자신의 역량을 면접관에게 적절하게 제시할 수 있는 방법을 가족, 동료, 선배들을 대상으로 연습하는 것이 좋다. 이 같은 도와주는 사람이 없는 경우는 자신이 거울 앞에서 리허설 해야 한다. 준비는 성공의 지름길이다.

〈그림 9-11〉

제 2 key Action : 후보자의 조직에 대한 질문
내가 회사에 무엇을 할 수 있는가?

• "내가 회사를 위해 무엇을 할 수 있을까?"를 질문하라.

☞ 이 같은 질문은 더 좋은 이미지를 형성한다.

• "질문 없다"라는 반응이 가지고 오는 결과

☞ 열정 부족, 동기 부족, 호기심 부족, 부적격으로 판정 됨

⇩

전체적으로 면접 결과에 부적으로 작용함.

D-Day 전략 2

면접장면에서는 면접관이 후보자를 평가하는 주체이지만, 취업 후보자 역시 중요한 주체로서 면접에 영향을 미칠 수 있다. 다시 말해 후보자 자신에게 질문을 요청하거나 등을 통해 발언기회가 왔을 때 적극적으로 참여하는 것이 대단히 중요하다. 예컨데, 관심이 있는 업무, 회사에 관한 여러 가지 정보 등을 질문으로 유도해서 후보자가 면접을 선도해서 이끌어 갈 수도 있다. 실제 후보자가 이처럼 면접관에게 영향을 미치는 것은 지원자가 면접을 자신에게 유리하게 이끌어 갈 수 있는 뛰어난 전략이다. 끌려 다니는 인터뷰는 실패의 첩경이다. 후보자가 질문을 통해 관심을 표명하면 대부분의 면접관은 이를 긍정적으로 보고 당사자에게 더 큰 관심을 가진다. 이 같은 전략은 '질문의 힘'(Power of questioning)을 활용하는 것이다. 질문을 적시에 또 적절하게 하는 것이야 말로 이 사람이 우리 회사에 열정과 관심 그리고 애정인 커미트먼트(commitment)를 가지고 있다는 것을 보여주는 셈이다.

D-Day 전략 3

면접관은 후보자의 이력에서 불확실한 점이 있는 경우, 이를 궁금해 할 뿐만 아니라 이것을 밝히고 싶어 한다. 예컨데 "귀하는 졸업 후에 8개월 동안 공백 기간이 있는데 이 기간 동안 무엇을 했습니까?"라고 물을 수 있다. 이 8개월간의 공백을 어떻게 사용했는지를 적절하게 답변하는 것은 매우 중요하다. 예를 들어 "8개월 동안 취업을 위해 준비를 했다"라든지 "귀사 취업을 위해 외국어 학습을 했다"든지 하는 답변을 통하여 이 사람은 공백 기간 동안 자기 개발을 위해 많은 노력을 했구나 하는 이미지를 줄 수 있다. 후보자의 단점을 물을 때 이것을 설명하고 또 거기에 대한 적절한 이유를 보충하는 것이 중요하다. 나아가 "왜 1년간 학교를 휴학했습니까?", "왜 성적이 좋지 않습니까?"라

제 3 key Action : 회사가 나에게 무엇을 해줄 수 있는가?

• "회사는 직원에게 위해 무엇을 할 수 있을까?"를 질문하라.

☞ 이 같은 질문은 더 좋은 이미지를 형성한다.

• "질문 없다"라는 반응이 가지고 오는 결과

☞ 무관심, 수동적 · 적극성 결여, 호기심 부족, 지적 역량 부족

⇩

전체적으로 면접 결과에 부적으로 작용함.

고 물을 때 이것을 설명하고 거기에 적절한 이유를 제시해야 한다. 그 예로 제가 그 교과목에서 성적이 나빴던 이유는 "그 당시 가정 형편이 조금 어려워졌기 때문에 장남으로서 가사를 일부 도와야 할 의무가 있었고, 그에 따라 아르바이트 시간을 늘린 것이 학습에 투자하는 시간을 조금 제한시킨 것 같습니다"와 같이 합리적이고 논리적이며 정중한 답이야 말로 후보자의 이미지를 긍정적으로 만든다.

D-Day 전략 4

그 다음으로 후보자도 면접관에게 멋지고 좋은 질문을 할 수 있다. 그리고 이것은 아무리 강조해도 충분하지 않다. 면접관이 대부분의 후보자에게 "혹시 질문이 있습니까?" 라고 물을 때 이 같은 절호의 기회를 잘 사용하는 경우는 별로 많지 않다. 이처럼 기회가 와도 사용하지 못하는 후보자에게는 취업 기회가 올 확률이 떨어진다. 따라서 지망하는 회사와 연관되는 통찰력 있는 질문을 사전에 반드시 준비해야 한다. 면접에서 "혹시 우리 회사에 대해서 질문이 있습니까?" 라고 물을 때 그 기회도 놓치지 말아야 한다. 이 절호의 기회는 사전에 준비한 후보자들만이 활용할 수 있다. 따라서 사전 준비가 된 후보자는 회사에 대한 좋은 질문 사례로 "귀사의 경영이념은 '창조, 도전, 봉사' 인데 회사에 처음 들어오는 신입사원에게는 창조의 어떤 면을 기대하십니까?" 라고 묻는다면 이 후보자는 회사의 경영 이념에 대해 학습을 하고 왔구나 해서 좋은 이미지를 줄 수 있다. 이런 질문은 인터뷰의 결과에 긍정적이고 또 직접적인 영향을 미친다. "질문 있습니까?" 물을 때 "없습니다" 라고 하는 것보다 질문을 하는 것이 훨씬 더 낫다. 질문을 안 하면 0점이지만 질문을 하면 100점이나 적어도 50점은 받는다. 어떤 전략이 취업성공 확률을 높일까? 준비된 면접은 80점 또는 90점까지 받지만 준비 없이는 0점이란 사실을 명심하자.

〈그림 9-12〉

제 4 key Action :
면접관에게 나를 왜 채용해야 하는지 알도록 하라.

* 인터뷰는 "결국, 여러사람 중에서 왜 나를 뽑아야 하는가"로 귀착된다.
* 좋은 대답은 "나를 채용하는 것이 회사에 이익이 되며, 회사의 발전에 도움이 된다는 점을 밝히는 것이다.
* 이것이야 말로 회사의 효율은 높이고 비용을 줄인다는 점을 강조
* 회사가 가진 문제를 해결하는 데 기여한다는 사실강조(적절한 논리개발)

다음으로 급여, 복지, 후생에 대한 질문도 할 수 있다. 회사가 나를 뽑는 것과 마찬가지로 나도 회사를 선택한다는 자세로 면접에 임하는 것이 필요하다. 내가 이 회사에 기여하면 회사는 나의 미래를 위해서 무엇을 해 줄 수 있는가를 묻는 것은 좋은 질문이 되겠다. 한국사회는 유교적 전통에 익숙하기 때문에 질문제기를 오랫동안 금기시해 왔다. 그러나 적절한 질문을 정중하게 하면 대체로 긍정적으로 평가된다. "내가 회사를 위해 무엇을 할 수 있을까?"를 질문하는 것처럼 "만일 제가 회사에 채용되면 어떤 일을 할 수 있는가?"를 묻는 것도 중요하다. 특히 "질문이 없다"는 반응을 보이면 "이 후보자는 무관심하고 수동적이어서 적극적이지 않다고 생각하거나 자기가 해야 할 직무에 별 호기심이 없고 지적 역량도 부족한 것은 아닐까"라고 생각할 수도 있다. 질문이 없다는 반응은 면접 결과에 부정적으로 작용한다는 사실을 명심해야 한다.

D-Day 전략 5

성공 면접을 위해서 면접관에게 내 자신을 채용하는 것이 왜 회사에 이득이 되는지를 직·간접적으로 알리도록 해야 한다. 인터뷰는 결국 여러 후보자들 중에서 나를 회사가 뽑아야 하는 이유를 찾는 과정으로 볼 수 있다. 따라서 후보자 입장에서 좋은 대답은 나를 채용하는 것이 회사의 이익과 발전에 도움이 된다는 점을 밝히는 것이다. 나를 선택하는 것이 회사의 효율을 높이고, 비용절감에도 도움이 된다는 점도 강조하자. 이때 막연하거나 비논리적으로 대답하거나 구체적 자료 없이 주장만 한다면 별로 좋은 이미지를 주지 못한다. 따라서 본인이 입사해서 일을 하면 회사가 가진 문제를 해결하는 데 실질적으로 기여한다는 사실을 강조하는 것이 필요하다. 또한 이를 창조적이고 혁신적으로 증명하고 설득시켜야 한다. 예를 들어 지원한 회사가 내년부터 스페인어를 쓰는 남미로 진출한다는 계획이 있다는 사실을 웹사이트에서 봤다면 면접 수

〈그림 9-13〉

제 5 Key Action : 적절한 인터뷰 마무리 1

· 인터뷰 내용을 반드시 요약하라.
(면접에서 다룬 내용을 리뷰한다.)

· 인터뷰 과정에서 부정적인 negative한 답변이 있었다면 이를 다시 수정하라.

☞ "저는 ~ 것이 문제라고 생각하지 않습니다."

· 면접관이 어떻게 생각하는지 잘 모르겠으면 이를 질문하라.

☞ "제가 오늘 인터뷰에서 잘못 대답한 것이(결과에 부정적) 있었습니까?"

개월 전부터 이에 대처할 논리를 개발하는 것이 필요하다. 귀사의 웹사이트에 들어가서 보니 향후 스페인어를 쓰는 지역인 라틴아메리카에 진출할 계획이 있는 것을 알았습니다. 스페인어를 그간 공부했고 그 지역에 어학연수까지 다녀온 적이 있습니다. 이렇게 준비되었고 또 말하는 취업후보자는 취업타이밍이 아주 잘 맞는 경우가 될 것이다.

D-Day 전략 6

다음으로는 반드시 필요하지만 대부분의 후보자들이 하지 못하는 것이 성공적인 인터뷰 마무리이다. 인터뷰가 끝날 때 면접관들은 "혹시 질문이나 코멘트가 있으면 말씀하게요"라고 제안한다. 이 기회를 놓치지 말자. 예를 들어 인터뷰 과정에서 제기된 질문에 후보자가 바람직하지 않게 대답했다고 판단이 들면 이 때 수정하는 것이 좋다. 즉 "제가 아까 드린 말씀에 대해 면접관께서 코멘트를 해주셨는데, 저는 그게 문제라고 생각하지 않습니다. 왜냐하면 그것은 다음과 같은 이유 때문입니다." 또는 면접관이 어떻게 생각하는지 잘 모르겠으면 이때 질문할 수도 있다. "제가 오늘 인터뷰에서 혹시 잘못 대답한 것이 있었습니까?"라든지, 또는 면접결과에 부정적으로 작용할 수도 있는 그런 내용이 있었는지 등도 물어볼 수 있다. 정직하게 질문하는 것은 면접관들에게 좋은 이미지를 준다.

인터뷰를 마무리 할 때, 자신이 가진 핵심 스킬을 다시 한 번 강조하는 것도 중요하다. 예를 들면 "제가 가진 스킬이 다른 후보자와 차별화되며, 또 회사가 추구하는 경영 방향과 매치된다고 생각합니다. 이때 어떤 부분에서 차별화되는지 그 이유를 설명하는 것이 중요하다. 나아가 자신이 진심으로 채용되기를 원하고 또 왜 채용되고 싶어 하는지 그 이유도 설명하는 것도 좋은 전술이다. 후보자가 진정으로 입사를 희망하고 또 회사에 기여하고 싶어 하는 부분을 구

〈그림 9-14〉

제 6 Key Action : 적절한 인터뷰 마무리 2

* 자신의 핵심 스킬을 다시 한 번 강조하라.
* 진정으로 채용되기를 원하면 이를 말하고, 그 이유를 설명하라.
* 면접관은 자기 회사를 좋아하는 사람을 좋아한다.
* 분위기가 허용하면 언제쯤부터 근무시작이 가능한지도 물어본다.

체적으로 밝히는 것은 막연하게 취업하기를 원하는 것과는 전혀 다른 차원이다. 또 면접관은 자기 회사를 좋아하는 사람을 좋아한다는 것을 반드시 기억하자. 개인이나 조직은 자신을 진정으로 좋아하는 사람을 싫어할 이유야 없지 않은가? "저는 이 회사를 평생 근무할 직장으로 생각합니다. 왜냐하면..." 이때 그 이유를 짧지만 구체적으로 대는 것이 중요하다. 분위기가 허용하면 언제쯤부터 근무시작이 가능한지도 물어 볼 수 있다. 이 같은 질문이 한 발짝 앞서 나간 경우라고 생각할 수도 있지만, 실제 궁금한 것을 물어보는 것이기 때문에 크게 부정적인 것도 아니고, 경우에 따라서는 적극성을 강조하기 때문에 긍정적일 수도 있다.

D-Day 전략 7

마지막 단계로 중요한 것은 인터뷰 이후의 후속 추적이다. 이것을 면접 폴로우 업Fololow up이라고 말한다. 미국이나 유럽에서 성공취업을 하는 경우 이런 추후 추적 사례를 흔히 볼 수 있다. 이것은 마지막 단계로서 인터뷰가 종료된 이후에도 후보자가 "집에 가서 결과만 기다리는" 수동적 자세가 아니라 자신의 미래에 대해 적극적이고 또 전향적Proactive하게 임하는 행동을 의미한다. 실제 면접 후 대부분의 후보자들은 이제 채용과정이 마무리되고 "화살이 내 시위를 떠났기 때문에", 집에 돌아가서 막연히 결과 통보 문자나 이메일만 기다린다. 즉 채용담당자가 "결과는 메일로 알려드리겠습니다." 또는 "합격자에게는 문자로 통보하겠습니다."라고 하면 그저 막연히 기다린다. 또한 후보자에 따라서는 불안하고 초조하니까 술이나 마시거나 친구와 시간을 보내는 것이 대부분이다. 그런데 사실은 인터뷰 후에 폴로우 업을 얼마나 잘하느냐에 따라서 정규직으로 취업이 되든지, 아니면 프리타로 전락하든지를 결정하는 분수령이다. 그런데 이것을 대부분 사람들은 하지 않는다. 몰라서 못하거

〈그림 9-15〉

제 7 Key Action : 인터뷰 이후의 Follow-up

* 인터뷰가 끝나면 집으로 돌아가서 그저 막연히 앉아서 기다리는 것이 능사인가?
* 이것보다 더 적극적인 방법은 없는가?
* Follow up은 정규직으로 취업하느냐 아니면 프리타로 전락하느냐를 결정하는 분수령
* Follow up은 빠른 취업의 비결

나 아니면 용기가 없어서 못한다. 특히 한국인들은 이 개념이 별로 없는데 이것이야 말로 성공취업과 떼어놀 수 없이 중요한 단계이다.

면접 종료 후 후속 추적 Follow up 전술

자 그러면 어떻게 추후 추적인 「follow up」을 해야 하는가. 우선 면접이 끝나고 집에 돌아가면 기억이 남아 있을 때 그날 있었던 면접과정에 대해서 정리하고 기록으로 남기자. 특히 키포인트는 반드시 기록한다. 예를 들어서 면접에서 대두했던 질문들 또 자신이 좀 더 잘했으면 좋았다고 생각되는 답변내용, 그리고 자신이 한 답변 중 저지른 실수 등도 소상하게 적는다. 가능하면 면접을 하기 위해서 출발했던 시점부터 면접 실시 전에 화장실이나 대기실에서 다른 사람과 한 상호작용 등까지도 모두 정리하는 것이 좋다. 그 이유는 면접 후 하루나 이틀이 지나면 대부분은 아무 생각도 나지 않기 때문이다.

사실 이번에 한 인터뷰가 성공적이어서 취업이 된다면 이 폴로우 업 과정이 필요 없다. 그러나 대부분의 사람들은 앞으로도 얼마나 많은 면접을 더 보게 될지 모른다. 한 번 본 면접에서 잘못 했다고 해서 실망하고 좌절할 필요는 없다. 왜냐하면 조금씩 개선하는 것은 늘 가능하기 때문이다.

만일 면접장에서 담당 직원이나 면접관과 약속한 것이 있다면 이것을 이때 당장 실천하자. "그러면 김 후보자는 ~했다는 것이 사실입니까?" 이때 답이 "예 그렇습니다."라고 답한 경우 "증거로 근거 서류가 있습니까?"라고 말할 때 다시 답으로 "예, 있습니다. 증거로 제출할 수 있습니다." 이런 경우는 자료 제출이 요구된다. 그날 집에 와서 바로 이메일로 면접관에게 그가 던진 질문이나 요청사항을 보내는 것이 좋다. 적어도 이 정도 노력을 하지 않으면 취업에 다른 후보자들과 차별화되기 어렵다.

또 다른 폴로우 업 전술로 감사 노트(Thank you note)를 이 메일이나 우편

〈그림 9-16〉

제 8 Key Action : 인터뷰 이후의 총정리

* 기억에 있을 때 그날 한 면접에 대해서 노트를 하고 키 포인트를 기록한다. (하루, 이틀 지나면 모두 망각한다.)
* 면접에서 회사와 한 약속한 것이 있었다면 바로 e-mail로 보낸다.
* 감사-노트를 동일 날짜로 우편으로 보낸다. 또는 경우에 따라 이메일로 보내는 것도 좋다.
* 빠뜨린 것이 있다면 이때 보완한다.
* 추가사항은 이때 질문한다.

으로 보내는 것이 있다. 약간의 용기가 필요하지만, 자기를 인터뷰 한 회사의 임원이나 담당자 앞으로 "오늘 저를 면접한 분들에게 감사를 드립니다."라는 편지를 보내도 좋고 e-mail로 보내도 좋다. 그리고 이 감사 노트에는 면접장면에서 자신이 당황해서 빠뜨린 내용이 있다면 이를 보완해도 좋다. 예를 들어 "제가 준비가 부족했던 것을 보완해 올립니다"라든지 추가사항이 있을 경우 이 때 질문을 할 수도 있다. 이 같은 액션은 후보자의 적극성, 진취성 그리고 창조성을 보여주는 것이다. 특히 오늘날 기업들은 튀는 사람, 독특한 사람, 남다른 사람을 선호한다는 점을 반드시 기억하자. 면접에서 성공하기 위해서 반드시 크리에이티브 해야 한다. 면접 후 추후 추적은 필자가 국내에서 최초로 소개하는 내용이므로, 취업 후보자들은 비밀 무기로 활용하기 바란다.

Smart Organizational
Psychology

기업이 원하는 인재는 어떤 역량을 가진 사람일까? 오늘날처럼 급하게 변화하는 취업환경에서 성공적인 사회 진출을 하기 위하여 나는 충분한 정보를 가지고 있는가? 내가 들어가서 일하고 싶은 조직이 사람을 선발할 때 무엇을 원하는지를 알아야지 나도 전략 및 전술을 세울 수 있다. 이 같은 맥락에서 기업이 요구하고 탐색하는 인재에 대해 체계적으로 알아보는 것이 반드시 필요하다. 회사에 따라서 원하는 '인재상'도 다르다는 사실에 유의하자. 기업 인재상이 나에게 어떤 시사점을 주는지도 파악하자. 나아가 회사들은 인재 평가의 관점과 기준이 경영환경이 바뀌면 달라진다. 따라서 취업 후보자는 무엇이 어떻게 변화하고 있는지를 숙지해야만 준비를 할 수 있다. 개인의 어떤 역량을 조직이 높이 평가하는지 알아야 한다. 인력 채용 절차는 어떠한지 핵심인재의 요건을 무엇인지 등도 숙지하자.

누구나 접근 가능한 인터넷에서 쉽게 얻을 수 있는 정보는 더 이상 도움이 되지 못한다. 왜냐하면 이 같은 정보는 '국화빵 정보'로서, 동일한 내용을 누구나 사용할 수 있기 때문이다. 그렇기 때문에 취업환경에 적극적으로 대처할 수 있는 나만의 전략을 개발해야 한다.

Chapter 10

기업이 원하는 인재 - 취업 환경 변화

기업별 이상적 인재상

기업 인재상의 시사점

인재를 평가하는 관점의 변화

개인 특성 평가

인력 채용 절차

채용 절차 I

채용절차 정리

기업정보 획득 방법

〈그림 10-1〉

기업의 인재상

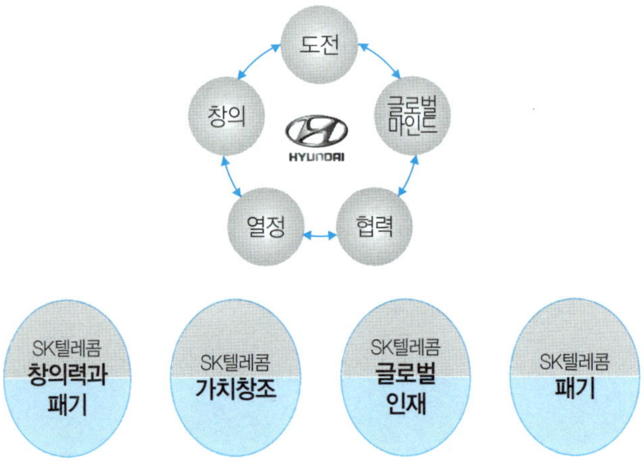

기업별 이상적 인재상

회사들은 서로 다른 인재상을 가지고 있다. 다음에 몇몇 국내 대표적 기업의 인재상을 살펴보자. 우선 현대그룹의 인재상은 '도전, 글로벌 마인드, 협력, 열정, 창의' 등 다섯 가지 역량을 인재상의 키워드로 잡고 있다. 현대그룹에서 말하는 '도전' 은 어떤 일을 할 때 주저하지 않고, 회의하지 않으며 나아가 망설임 없이 행동하는 것을 의미한다. '글로벌 마인드' 는 사고 및 행동반경을 국내 수준, 즉 로컬에 머무르지 않고 더 넓은 세계를 무대로까지 확대하는 것을 의미한다. '협력' 이란 팀을 이루어서 함께 노력해서 일을 해나가는 것을 의미하며, '열정' 은 자기가 하는 일에 열과 성을 다해 노력하는 것을 말한다. '창조' 는 항상 새롭고 다른 발상을 하는 능력을 말한다. 기업들은 인재의 역량 중 리더십을 강조한다. 나아가서는 언행일치(integrity), 세계화 역량(global competency), 그리고 전문성(specialty)을 인재상으로 설정한 기업도 있다. 대기업들은 글로벌 인재들을 영입하기 위해서 인재상을 회사 홈페이지에 영어로도 게재하고 있다.

앞에 든 회사의 경우 '언행일치' 는 말과 행동이 한 방향으로 정렬된 것을 의미한다. 전문성은 자기가 하는 분야에서 다른 사람보다 뛰어난 것을 말한다. 나아가 세계화 역량이란 세계 시장에서도 통용될 수 있는 역량을 갖춘 인재를 말한다. SK그룹은 '창의력.' '패기' '가치창조,' 그리고 '글로벌 비즈니스 마인드' 가지면서 세계 일류가 되고자 하는 인재를 찾는다고 밝히고 있다. 여기에서 '패기' 란 SK고유의 언어이다. 필자는 수년 전에 SK그룹 연수원과 '패기를 측정하는 툴'을 개발한 적이 있다. 특히 '패기' 라는 것은 열정을 의미하기도 하지만, 그보다 더 넓은 의미로 사용되고 있다. '가치 창조' 는 새롭고 다르며 남다른 부가가치를 만드는 행동을 의미한다. '글로벌 비즈니스 마인드' 란 국내뿐만 아니라 세계를 상대로 활동할 인재를 말한다. 『Good to Great』라는 경영학 교과서에 해당되는 저서를 펴낸 짐 콜린스는 기업이 추구하는 인재상을 올바른 사람Right people이라는 말로 표현한다. 그리고 기업은 올바른 사람Right people을 버스에 태우고 가야 한다고 주장한다. 만일 그렇지 않은 사람을 뽑고, 이들을 교육 및 훈련시켜 조직이 원하는 방향으로 이끌어 가기는 어렵다고 설파하고 있다. 우리가 기업을 선택할 때 반드시 기업에서 요구하는 인재상을 숙지해야 한다.

〈그림 10-2〉

인재의 개인 자질과 사회적 자질

- 과거에는 학점이나 학력 등을 통해 계량화와 수치화로 인재를 평가하였으나, 최근 디지털 시대 새로운 인재 평가는 잠재적 능력과 다양한 경험으로 평가함

☞ 업무수행은 개인 지식의 바탕 위에 폭넓은 경험을 통해 축적된 능력적 요소와 기본 심성이 상호 유기적으로 작용하는 종합적 행위

※ 채용자원의 자질

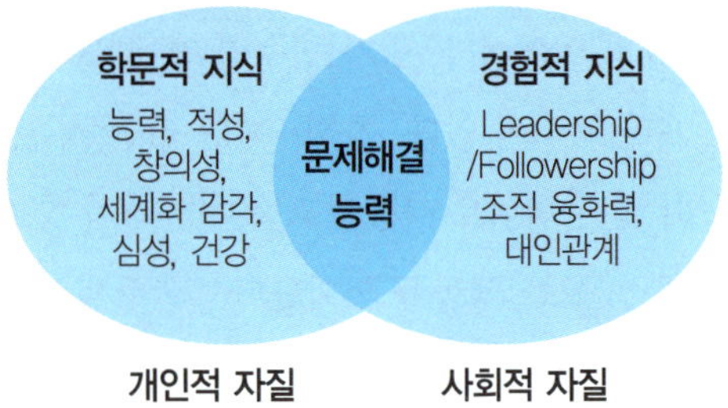

기업 인재상의 시사점

자 그러면 기업 인재상은 무엇을 시사하는지 정리해 보도록 하자. 삼성의 경우에는 리더십, 글로벌 역량, 전문성, 도덕성 등을 인재상의 키워드로 강조하고 있다. POSCO는 프로의식, 글로벌 역량, 디지털 마인드 등을 제시하고 있으며, LG전자는 강하고, 상상력이 강한, 전문 역량 등을 인재상에 포함시키고 있다. SKT는 창의력과 패기, 가치창조, 글로벌 비즈니스, 세계 일류 등이다. 현대자동차 역시 도전, 창의, 글로벌 마인드, 협력, 열정 등으로 요약된다.

국내기업들의 인재상에 빈번히 나오는 어휘가 '글로벌' 이다. 글로벌은 로컬, 즉 도매스틱과 비교된다. 그 이유는 한국기업들도 그 활동 무대가 이제는 로컬이 아닌 세계라는 것을 보여준다. 지금까지 우리가 가보지 않았고 또 접촉하지도 아니한 다른 문화에 가서도 일할 수 있는 능력을 요구하는 것이다.

다음은 '창의력' 또는 '창조력' 에 대한 강조이다. 창의력이야말로 오늘날 조직이 살아남는 데 가장 중요한 키워드이다. 상상력 역시 창조력과 같이 한 카테고리로 묶을 수 있다. 따라서 우리는 글로벌 역량과 창의력을 접목시키고 전문 지식을 활용하는 인재로 거듭나야 하겠다.

〈그림 10-3〉

직무적합도와 인재상

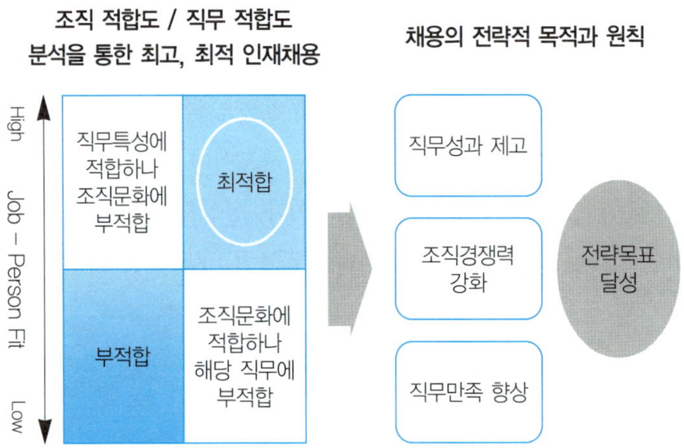

인재를 평가하는 관점의 변화

인재를 평가하는 관점이 바뀌고 있다. 몇 년 전만 해도 사람을 뽑을 때 출신대학, 대학의 학점이나 학력 등을 계량화, 수치화해서 후보자들을 평가했다. 이 때 주요하게 작용한 것이 출신대학, 학점 등이다. 그러나 디지털 시대에 들어오면서 인재를 잠재적인 능력과 다양한 경험을 중심으로 평가하기 시작했다. 아직 발휘되지 않았지만 가지고 있는 잠재 능력, 폭넓고 깊은 경험도 평가대상이 된 것이다. 이렇게 기업의 업무수행에 필요한 요소는 능력 · 지식 · 동기로 나누어져 있으며, 기업은 이 3가지 요소를 상호 유기적으로 종합적으로 평가한다. 이를 설명하면 다음과 같다.

먼저 채용 후보자의 자질은 학문적 지식과 경험적 지식으로 구분된다. 학문적 지식은 대학교육을 통해서 쌓는 능력이다. 여기에 추가되는 경험적 지식은 적성, 창의성, 세계화 감각, 심성, 건강 등이 포함된다. 문제해결 능력 역시 여기에 포함된다. 특히 경험적 지식에는 리더십, 펠로우십, 조직에 대한 융화력, 대인관계, 커뮤니케이션 능력 여기에 추가하여 세계화 능력 등도 들어간다. 나아가 개인적 자질과 사회적 자질이 어떻게 결합되어 있느냐를 기준으로 채용 후보의 자질을 평가하게 된다.

〈그림 10-4〉

인재 선발 프로세스

	1단계 서류전형	2단계 직무적성	3단계 인성/기술 면접	4단계 신체검사	5단계 최종합격
평가요소	· 학점 · 어학(가점) · 자격증	· 언어력, 수리력, 추리력, 지각력, 감성능력 등	· 기본인성 · 개인자질 · 전공지식	· 건강검진	· 각 단계별 통과 여부로 판단
비고	학점의 경우 Cut-Line 통과여부 판단	문제해결 역량 및 학습능력 판단	적극성, 창의성, 성실성, 전문지식 등 판단	결격 사유 변별	각 단계별 성적은 독립적으로 적용

개인 특성 평가

개인 특성 즉 성격이나 역량을 평가하는 것이란 무엇인가? 우선 이 같은 평가를 하는 이유는 개인의 조직 적합도를 보기 위한 것이다. 다시 말하면 개인과 직무가 얼마나 매치되는지 그 적합도를 따지는 것이다. 구체적으로 이 후보자가 조직에 적합한지, 입사 후에 맡아서 할 직무에 적임자 등을 체크하는 것이 직무 적합도이다. 이를 통해 조직은 최적의 인재를 뽑겠다는 목표를 달성하게 되고 이것이 원만하게 이루어지는 것이 직무-사람 적합 즉 Job-poerson Fit이다.

그러나 경우에 따라서는 후보자가 직무 특성에는 적합하나 조직문화에는 부적합한 경우가 있고, 또는 조직 문화에는 적합하나 해당 직무에는 부적합한 경우도 있다. 조직 문화에 적합하고 해당 직무에도 적합한 사람을 최적합이라고 한다. 조직문화에도 적합하지 않고 직무에도 적합하지 않은 사람을 부적합이라고 한다. 이처럼 조직은 부적합한 사람을 선택하지 않을 것이고 그 대신 적합한 사람을 특히 최적합한 인재를 뽑고자 하는 것이 각 기업이 추구하는 채용의 전략이다.

다음으로 채용의 목적과 원칙을 살펴보자. 첫째는 직무성과를 제고이다. 둘째는 조직 경쟁력을 강화하기 위한 것이고 셋째, 직무만족을 향상시키기 위해서이다. 즉 회사에 들어오는 사람이 자기가 맡은 직무에 대해서 만족하고 목표달성을 즐기는 사람이라면 조직에 대한 만족도 역시 높을 것이다. 이 같은 요건이 충족되면 기업은 추구하는 비전을 조직원을 통해서 달성할 수 있을 것이다.

〈그림 10-5〉

채용 후보자 행동평가 프로세스

기업은 채용대상자 자질의 다각적 평가를 위해 다단계 프로세스를 채택(단계별로 변별하고자 하는 자질의 내용이 다름)

각 단계별 평가결과는 다음 단계로의 진행여부를 결정(각 단계가 다음 단계의 평가 결과에 영향을 미치지 않음)

⇩

이는 채용대상자의 자질을 포괄적으로 평가하기 위한 것으로 한 가지 평가요소가 전체적 평가에 미치는 영향을 방지

인력 채용 절차

우리나라 대표기업들의 인력채용 절차를 살펴보자. 여기에는 대체로 5가지 단계가 있고 취업후보자는 이 절차를 숙지해야 취업 전략을 세우는 데 도움을 받을 수 있다. 대부분 기업들은 제1단계 서류 전형은 온라인에서 이루어진다.

제2단계에는 직무적성 테스트를 하게 되고, 제3단계에서는 인성, 적성 등을 중심으로 면접이 이루어진다. 제4단계는 신체검사, 제5단계에는 최종 합격 여부를 통보한다. 이상의 여러 단계들 중에서 가장 중요한 것은 앞의 1, 2, 3단계가 되겠다. 서류전형 단계는 학교에서 무엇을 전공했는지, 졸업 여부, 취득 학점 등이 관심의 대상이 되며, 과거나 지금이나 비슷하다. 특히 글로벌 시대로 접어들면서 어학 실력에 따라 가산점을 주는 기업들이 많아졌다. 외국에서 연수를 받은 것, 토익이나 토플 성적도 가산점으로 수치화된다. 자격증에는 어떤 것이 있는지를 보는데, 이 부분도 가산점의 대상이 된다. 오늘날 일반화된 운전면허증은 필수적이다. 그 외에도 회사에서 관심을 가지는 자격증은 굉장히 많다. 회사에 따라 선호하는 자격증이 다르다. 따라서 원하는 회사를 일찍 결정하고, 이들이 원하는 자격증이 무엇인지를 사전에 파악해서 준비해 놓는 것은 좋은 방법이다.

삼성에서 하고 있는 SSAT도 직무적성 검사인데, 그 내용을 보면 언어력, 수리력, 추리력, 지각력, 감성 능력 등을 중심으로 구성되어 있다. 이 검사를 통해 문제 해결 역량과 학습 능력이 어떤지 등도 판단한다. 제3단계가 인성면접 및 기술면접이다. 기술 면접은 대개 회사에서 실무자 직급인 과장, 차장, 부장들이 본다. 그러나 인성면접은 직급이 높은 상무, 전무, 부사장 등이 실시한다. 특히 인성면접에서는 기본적인 인간성과 됨됨이를 보고, 개인의 자질을 살펴본다. 특히 삼성의 경우, 삼성에서 중요하다고 생각하고 있는 적극성, 창의성, 성실성, 전문지식 등에 대한 판단은 임원급 면접에서 점검된다.

필자는 수년 간 삼성그룹의 자문교수로 신입사원 면접에 참가하였다. 사실 최종 면접 단계에서 경쟁률이 3:1, 내지는 5:1이기 때문에 후보자 입장에서는 도저히 마음을 놓을 수가 없다. 면접시간 약20분에 다섯 명의 후보자가 다섯 명의 면접관과 질의응답을 해야 하기 때문에 후보자의 스트레스는 엄청나게 크다. 이 같은 스트레스 상황에서 여유를 가지고 면접관에게 좋은 이미지를 주면서 좋은 성과를 얻는다는 것은 쉬운 일이 아니다. 따라서 면접에 실패하지 않기 위해서는 철저한 준비와 연습이 반드시 필요하다. 세상에 남 앞에서 말할 때 긴장하지 않는 사람은 아무도 없다. 그렇지만 어떤 사람이 적게 긴장하느냐는 면접 결과가 긍정적으로 나오는 것과 직결된다. 또한 면접에서 실수를 줄이기 위해서는 예상문제를 만들어서 준비를 하고 실습을 해 보는 것이 중요하다.

〈그림 10-6〉

채용 후보자 행동평가 프로세스

1. 인재선발과 육성 기준 : 핵심역량
2. 면접법
3. 심리검사법
4. Assessment Center 기법

채용 절차

이제 회사가 통상하는 인력 채용 절차를 자세히 다루어 보자. 회사는 채용 대상자의 자질을 다각적으로 평가하는 다단계 절차를 가지고 있다. 왜냐하면 회사가 일단 자기 조직의 일원으로 직원을 뽑아서 채용하면, 이들은 회사와 같이 한 방향으로 가지 않으면 안 되기 때문이다. 회사 입장에서는 조직을 배신하지 않을 사람을 잘 선택하는 것이 회사의 미래를 좌우하기 때문에, 복잡하지만 다각적이고 다단계적인 평가 프로세스를 도입함으로써 채용으로 인한 실수를 최소화하고자 한다. 이 같은 이유 때문에 각 단계별 변별 내용이 다르다. 앞에 제시한 제1단계, 제2단계, 제3단계에서 실시해서 변별하고자 하는 내용은 서류전형, 직무적성, 인성 및 기술면접 등이다. 각 단계는 순차적으로 되어 있다. 즉 1단계 서류 전형에서 성공하면 2단계로 넘어가고, 2단계를 패스하면 3단계로 넘어간다. 3단계가 통과되어야 다시 제4단계로 넘어간다. 이때 어느 한 단계에서 중단되면 채용 절차는 거기서 종료된다.

각 단계별로 무사히 패스한다는 것은 다음 단계로 성공적으로 진행한다는 것을 의미한다. 그런데 대부분의 회사는 전 단계 결과가 추후단계에 직접적인 영향을 미치지 않는다. 이 같은 시스템은 채용 대상자의 자질을 포괄적으로 평가하기 위한 것이다. 즉 한 가지 평가요소가 전체적 평가에 미치는 영향을 방지시켜 놓고 각 단계 통과 여부에 따라서 다음 단계로 넘어가도록 시스템으로 만들어 놓고 있다.

채용 후보자 행동평가 프로세스

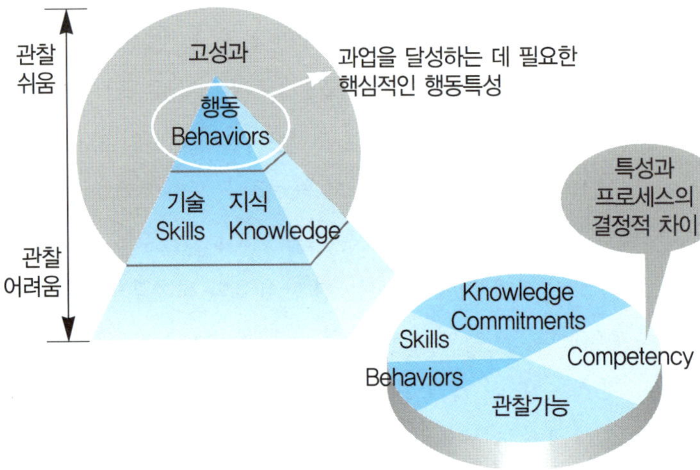

채용절차 정리

취업을 계획하고 있는 사람들은, 대상기업의 경영 환경을 철저히 분석해야 한다. 그 대신 아무 노력 없이 졸업장과 원서만 내면 취업되리라고 생각한다면 이는 대단히 큰 오해이다. 이때 자기 자신의 역량을 알고 회사가 찾는 인재가 어떤지를 알아서 서로 매치되는가를 파악하는 것이 대단히 중요하다.

오늘날 회사들의 채용 전략은 과거와 전혀 다르다. 다시 말해 회사는 핵심 인재만 뽑겠다고 작정한다. 사실 한국은 외환위기, 즉 IMF체제를 겪고 난 뒤 기업들의 패러다임이 완전히 달라졌다. 확대 경영이 가능했던 시대는 종말을 고한 것이다. 과거보다 생존이 훨씬 더 어려운 시대에 접어든 오늘날 취업 후보자 역시 기업에 지원할 때에는 조직을 둘러싼 경영 환경을 꿰뚫어 보지 않으면 안 된다. 취업을 준비하기 위해서는 한 학기 또는 두 학기 이상이 필요하다. 이를 통해 자신에게 인재-직무-적합도(Person-Job-Fit)와, 자신의 인성과 성격 및 적성에 맞는 선택을 하는 것이 중요하다. 특히 조직의 채용 동향, 선호하는 인재, 또 구체적으로 어떤 인재를 찾는지 등을 파악하는 것이 필수적이다. 이것이 바로 성공 취업 전략의 왕도이다.

기업정보 획득 방법

이제 기업에 대한 정보를 얻는 방법에 대해서 살펴보자. 웹사이트를 통해서 얻는 정보는 별로 쓸모가 없다. 왜냐하면 이 정보는 누구에게나 공개되어 있기 때문이다. 그 대신 채용 정보가 퍼스널 그룹 즉, 선배나 교수님 또는 아는 지인 등을 통해 들어온 것이 생명력이 있다. 막연히 신문을 본다든지, 인터넷을 통해서 얻은 취업 정보 역시 생명력이 결여되어 있다. 그래서 미국 대학들은 제1차 취업 전략으로 자기가 소속된 대학의 선후배, 교수님 및 인적 네트워크를 통해 취업 정보 획득 활동을 할 것을 강조하고 있다.

대표적인 예를 들어 보자. 각 대학에는 취업 시즌이 되면 기업에서 취업 설명회를 하러 온다. 취업 설명을 하는 사람들은 각 회사의 인사 담당 간부 내지는 실무자임에도 불구하고 취업을 하고자 하는 학생들은 이들에게 자기 이미지를 만드는 시도조차 하지 않는다. 구체적으로 취업 설명회를 금요일 2시부터 3시까지 어디서 한다고 하면 취업준비생은 이 설명회에 가기 며칠 전부터 그 회사에 대한 스터디를 해야 한다. 그리고 당일 회사의 취업 설명회가 종료될 때 던질 질문도 준비해야 한다. 특히 중요한 전략은 반드시 질문을 할 수 있도록 기회를 놓치지 않을 뿐만 아니라 꼭 좋은 질문을 준비하는 것이다.

이때는 복장도 자기가 면접을 보러 가는 기분으로 갖추어 입고 가면 더 좋다. 설명회가 마칠 때까지 앞자리에 앉아서 발표자의 설명내용을 열심히 경청하고 또 메모한다. 설명이 끝나면 반드시 질문 있는 사람은 질문을 하세요 라는 시간이 있다. 이 기회를 놓치면 그것은 취업기회를 놓치는 것으로 생각해도 좋다. 이때 질문을 하는 것은 그 회사 취업담당자와 하는 최초의 접촉이다.

설명회에 와서 회사를 소개하는 직원들은 대개 인사부서 소속으로 이들이 사람을 뽑을 때 원서를 받고, 원서가 통과되면 면접 장면까지 진행하는 사람들이다. 이들이 취업 희망자를 어느 대학, 무슨 학과 또 누구인가를 취업설명회를 통해서 기억한다면, 이것은 후일 반드시 긍정적 이미지 형성으로까지 연결될 것이다. 이처럼 개인적 인상(Personal impression)을 만드는 것은 대단히 중요하다.

다음으로 기업의 채용 기법을 자세히 알아보자. 이를 통해 기업이 원하는 인재상에 부합되도록 자기 이미지를 창조할 수 있다. 기업에 따라 강조하는 채용 포인트가 조금씩 다르다. 기업이 선호하는 분야가 공학, 인문사회, 경영학 등 다양해서 이를 충분히 스터디 해야 100:1, 200:1 되는 살인적인 경쟁에서 자기 이미지를 차별화시킬 수 있다. 마지막으로, 취업 전략을 개발하기 위해서 기업의 요구수준과 요구내용을 학습하고 이에 대비하고 준비한다. 기업이 요구하는 수준이 10인데 내가 준비한 수준이 9이면 직무와 사람이 매치되지 않는 것이다. 즉 이는 Job-person-mismatch이다. 청년 취업에서 항상 주요 주제로 대두하는 것이 해당되는 직무와 취업 후보자 사이에 서로 매치되는지 여부이다. 즉 Job-person-match가 되어야 바람직한 인재 선발이 가능할 뿐만 아니라 채용후 조기이직도 예방할 수 있다.

Smart Organizational
Psychology

인재 선발에 활용되는 방법과 기법은 아주 빠르게 변화하고 있다. 이는 적합한 인원을 버스에 태워야 한다는 유명한 컨설턴트 Jim Collins의 주장과도 일치한다. 국내에서 대기업들 뿐만 아니라 중견기업 역시 최적합 인재를 채용하기 위해 피나는 노력을 하고 있다. 따라서 인재 선발에 관련된 다양한 스킬을 철저히 파악하는 것이야 말로 취활(就活)의 승패를 좌우한다.
적합한 인재는 검증된 인재로 조직에 성과를 가져다준다. 따라서 인턴이나 자원봉사 활동 등을 다양한 활동을 통해서 자신이 적합한 인재라는 사실을 입증시키는 것이 중요하다. 인재에게 요구되는 다양한 역량을 대학교육 만으로는 충분히 갖출 수 없기에, 개인은 대학이 제공하지 못하는 핵심역량을 스스로 보완해야 한다.

Chapter 11

인재 선발 : 핵심역량과 다양한 스킬

인재선발과 육성기준 : 핵심역량 1

인재선발과 육성 기준 : 핵심역량 2

핵심역량 모델 3

역량중심 행동인터뷰 CBBI

심리검사법와 어세스먼트 센터

어세스먼트센터(Assessment Center)

어세스먼트 센터 방법의 장점

어세스먼트 센터 방법의 고객화

어세서먼트 센터에 대한 구체적인 설명

취업 이후 : 그 다음 단계

〈그림 11-1〉

기업별 인재 핵심 역량

기업	인재상
삼성	리더십, 글로벌 역량, 전문성, 도덕성
POSCO	프로의식, 글로벌 역량, 디지털 마인드
LG전자	강한, 상상력이 강한, 전문 역량을 갖춘
SKT	창의력과 패기, 가치창조, 글로벌 비즈니스, 세계일류
현대자동차	도전, 창의, 글로벌 마인드, 협력, 열정

시사점은?

인재선발과 육성기준 : 핵심역량 1

인재 선발과 육성기준에는 핵심역량이란 용어가 빈번히 사용된다. 핵심역량이란 무엇인가? 우선 역량이란 말은 영어로 competency를 말한다. 이는 "어떤 일을 해 내는 데 가장 중심이 되는 것으로, 이를 통해서 지속적으로 성과를 창출하는 능력"을 의미한다. 핵심역량이란 조직의 비전과 전략을 실천하기 위해 구성원들이 가져야 하는 주요한 행동 특성이다. 조직에는 반드시 달성하고자 하는 비전이 있다. 그런데 이를 실제로 실천해 내기 위해서는 그 방안인 전략이 있다. 따라서 비전을 실현하기 위해 전략적으로 행동할 때 꼭 필요한 것이 핵심역량이다. 조직에 근무하는 우수한 수행자는 평균적 수행자보다 활용하는 지식, 기술, 태도 등이 다르다. 이 같은 지식, 기술, 태도 등을 통합해서 행동을 통해서 목표를 달성하는 능력의 통합체가 핵심역량이다. 미국 하버드 심리학박사인 다이엘 골먼Daniel Golemani은 『감성지능(Emotional Intelligence)』이란 저서를 출판하였다. 이 책에서 저자는 인생에서 성공을 성취하는 데는 지적 능력인 지능 역량의 중요성보다 감정적 능력인 정서 역량이 더 큰 영향을 미친다고 실증적으로 밝히고 있다. 그 후 골먼Goleman은 후속 저서인 『정서지능으로 일하기』(Working with Emotional Intelligence)라는 책을 펴내면서 감정적 역량이 어떤 성과를 내는지를 많은 실제 사례를 가지고 소개하고 있다. 그가 소개하는 사례 중 하나로 우수한 컴퓨터 프로그래머는 보통 수준의 컴퓨터 프로그래머보다 1~2배 정도 더 많은 성과를 내는 것이 아니라 그 대신 10~12배 이상 더 많은 성과를 내고 있다는 것이다. 그 이유는 우수 프로그래머는 인적 내트웍을 통해 더 많은 정보에 더 빨리 접근하기 때문이다.

상품이나 기술을 세일즈를 하는 세일즈맨이 가져야 하는 핵심역량은 연구와 개발 Research & Development(R&D)에 종사하는 사람이 가져야 하는 핵심역량과는 서로 다르다. 실제 사례로 세일즈 하는 경우 필요한 핵심역량을 들어보자; 백화점 지하 식품관에 쇼핑하러 오는 고객들을 대상으로 새로 출시된 만두를 판매하는 두 사람의 세일즈 우먼이 비교 대상이다. 이들 두 세일즈 우먼이 하는 행동을 비디오로 촬영하여 세일즈의 핵심 역량을 설명한 헤이컨설팅회사Hay Consulting Company가 만든 영상물이 있다.

A와 B 두 사람이 신제품 만두를 판매한다. 그런데 A가 B보다 더 많은 매출을 올린다. 즉 A는 제한된 시간에 B보다 더 많은 신제품 만두를 판매 고객들에게 판매하였다. 그런데 두 사람은 똑같은 조건에서 시제품 판매 경쟁을 한 것이다. 이들에게 주어진 판매보조 기구는 만두를 요리할 수 있는 전기조리기 하나, 접시, 나무젓가락 그리고 간장 등으로 즉석에서 조리한 만두를 고객들에게 시식하게 함으로써 판매와 연결시키는 전략이었다. 40대 여성인 A와 20대 후반 여성인 B는 오전 10시 백화점 식품관이 개장할 때 시제품 만두 100상자를 할당받아서 판매를 시작하고 이 과정을 몰래 카메라로 촬영한다. A는 적극적이고, 능동적이고 행동지향적이어서 지나가는 고객들에게 자기가 만든 만두를 시식시키는 데 성공 확률이 높았다. 고객들은 만두시식을 권유해도 빈번히 거절하는 경우가 많았다. A는 거절하는 고객을 대상으로 거듭 권유함으로써 결국 만두 시식까지 연결시키는 확률이 높았다. 그런데 시식을 하는 고객이 만두를 구입할 확률은 50%였다.

B 역시 조리된 만두 시식을 고객들에게 권하지만 그녀는 한번 거절당하면 더 이상 권하지 않았다. 그 결과 오후 6시가 되자 적극적인 A의 경우는 할당된 만두상자 100개가 모두 매진되었지만, 반대로 부끄러워하는 B에게는 아직도 상당량의 만두가 남아있었다. 자 그러면 동일한 조건에서 똑 같은 만두라는 시제품을 판매하는 두 세일즈우먼들의 경우 왜 이 같은 차이가 나는가? 어떤 핵심역량이 성과 상의 차이를 보여주는가?

이에 대한 조직심리학의 설명은 다음과 같다. 즉 두 세일즈 우먼의 핵심역량이 차이가 있다는 것이다. 성공 세일즈와 연결되는 핵심 역량으로는 목표 달성에의 끈기, 성과와 연결시키고자 하는 지구력, 고객에게 권하면서 하는 대화하는 능력, 즉 커뮤니케이션 스킬 나아가 거절을 당해도 그 원인을 자기 탓으로 돌리지 않고 그것 때문에 좌절을 받지 않는 감성 역량 등을 들 수 있다. 이 같은 면에서 A가 B보다 뛰어나서 더 높은 성과를 낸 것이다. 이처럼 어떤 직무나 업무를 성공적으로 수행하는 우수 수행자와 그렇지 않은 보통 수행자 간 사이에 결정적인 차이가 나는 것을 '핵심역량' 이라고 부른다. 그런데 산업분야, 업종, 그리고 사업 분야에 따라서 요구되는 핵심역량은 다르다. 그러나 역량사전Competency Dictionary에는 약 60개 정도의 역량 카테고리가 제시되어 있고, 필요에 따라 선택하여 적용하는 것이 가능하다. 특히 연구 및 개발 분야에서 일하는 연구자들에게 요구되는 핵심역량은 앞에서 소개한 판매 및 세일즈 분야에 종사하는 사람들과 요구되는 핵심 역량이 다르다.

인재선발 빙산모델 : 핵심역량 2

핵심역량은 피라미드 모델로 이해하는 것이 좋다. 우리가 학교교육에서 습득하는 기술이나 지식은 피라미드의 상층 부분에 해당된다. 이에 비해 피라미드 하층 부분에 있는 것이 동기를 부여해서 행동을 촉발한다. 하층 부분은 개인이 조직의 목표달성을 하게 하는 심리적 요인이며, 상층부와 하층부를 걸쳐 구성되어 있는 지속적 능력을 핵심역량이라 한다. 이것을 빙산 모델로 파악하면 쉽다. 즉 빙산의 5%에 해당되는 바다 위에 떠 있는 부분은 파악이나 측정이 용이한 기술이나 지식이다. 그러나 빙산의 95%에 해당되는 파악이 어렵고 또 측정도 어려운 능력은 동기적, 심리적 그리고 정신적 요소들로 구성되어 있다. 핵심역량은 빙산의 바다 위에 떠 있는 부분과 바다 밑에 있어서 잘 볼 수 없는 부분을 모두 아울러서 명명한 것이다.

일본의 마쓰시다 전기 즉 지금의 파나소닉사의 창업자는 유명한 마쓰시다 고노스케이다. 그는 제2차 세계대전 말기에 마쓰시다라는 전기회사를 오사카에 창설하였다. 그 후 이 회사는 세계에서 가장 큰 전기전자회사로 성장하였다. 마쓰시다 고노스케는 직원을 채용할 때 딱 한 가지 기준으로 '일에 대한 열정' 을 가장 높이 샀다.

경영의 신(神)이라고도 불리우는 마쓰시다는 인재를 선발할 때 기술이나 지식 같은 측면에서는 좀 뒤떨어져도 열정에 있어서 뒤떨어지면 절대로 안 된다고 강조했다. 이처럼 열정(Passion)이란 심리적 특성이야말로 목표달성에 있어서 가장 필요한 역량 이라 볼 수 있다. 또한 커미트먼트(commitments)는 일에 몰입하고, 헌신하고, 또 자신이 가진 역량을 최대한 발휘하도록 만드는 또 다른 심리적 요소이다. 이것을 흔히 몰입이라고 말하지만 실제로는 몰입뿐만 아니라 헌신과 혼신의 노력을 다한다는 의미도 포함된다.

일본 메이오Meio대학에서는 학생들을 대상으로 커미트먼트에 대한 연구를 실시하고 있다. 이 대학은 전공학생들을 소집단으로 나누어 개인 리더십과 팀 역동을 측정한다. 이와 동시에 팀워크를 강화시키며 팀의 멤버로서 개인 커미트먼트를 교육시키고 있다. 특이 데이터 기반 피드백을 하기 위해서 SYMLOG(System for Multiple Level Observation of Groups, 집단 관찰 다차원 수준)을 적용하고 있다.

이처럼 커미트먼트, 열정, 몰입 그리고 팀웍 등은 조직이 추구하는 구성원의 핵심역량이다. 팀워크는 특히 조직에서 멤버로 일할 때 적합하게 행동을 하는지, 또 팀을 이끌어 가는 사람인 경우에는 팀 리더로서 적절한 행동을 하는지 등을 살펴보는 것으로, 조직원의 핵심역량을 일컫는다. 최근에 와서 팀워크에 대한 관심은 계속 더 커지고 있다.

핵심역량을 다시 한 번 빙산모델을 이용해서 살펴보자. 빙산은 물위에 떠 있는 부분이 전체 빙산 크기의 5% 미만이다. 그래서 물 위에 떠있는 부분보다 훨씬 큰 부분인 95% 이상이 바다 속에 잠겨 있다. 실제 빙산의 크기가 물 위에 떠있는 부분 정도라고 오판해서 대형 해상사고가 일어나기도 했다. 빙산과 충돌로 일어난 1920년대의 세기적 대형사고 '타이타닉호의 침몰'이 바로 그것이다.

핵심역량을 빙산에 비교하면 스킬이나 지식 같은 것은 물위에 뜬 부분이기 때문에 비교적 배우기가 쉽다. 그러나 여기에 비교해서 바다 밑에 감춰져 있는 부분이 가치, 성격, 동기 등과 같은 요소로서 이는 파악하기가 어렵다. 자아 개념도 여기에 해당되는 것으로 세상을 보는 태도가 낙관적인지 비관적인지 등도 자아개념과 관계가 있다. 그 다음으로, 일에 대한 동기는 크게 두 가지 요소로 나누어진다. 그중 하나는 내적 동기이고 다른 하나는 외적 동기이다. 우선 외적 동기를 살펴보면 어떤 일을 할 때 외부에서 자극이나 인센티브가 있어야 일을 하는 경우를 말한다. 부모님이 어떤 일을 하라고 시키거나, 심부름을 시킬 때 용돈을 주면 하겠다는 조건을 달아야 동기부여가 된다면, 이것은 외적 동기라 할 수 있다. 이것과 비교해서 스스로 이제는 해야 되겠다, 이래서는 안 되겠다고 깨달아서 어떤 일을 하는 경우는 내적 동기라고 한다. 심리학자들은 내적 동기야 말로 외적 동기보다 목표달성에 더 강력한 힘을 발휘하게 된다고 주장하고 있다.

인재의 소프트 스킬 : 핵심역량 모델 3

양파를 이용하여 핵심역량을 설명해 보자. 양파는 여러 피질로 되어있다. 따라서 양파 껍질은 하나씩 벗기면 그 안에 다른 껍질이 있다. 이처럼 바깥 부분에 있는 양파 껍질은 지식이나 스킬에 해당하고 내피 쪽에 들어가면 태도, 가치, 자기개념 등이 있다. 그런데 양파의 내피 안에 깊이 있는 부분인 태도, 가치, 자기개념 등은 개발하기가 쉽지 않다. 핵심 역량 모델은 특히 내부에 위치한 심리적 특성들의 개발의 당위성을 제시하고 있다.

최근에 대두한 긍정심리학은 생을 살아가는 자세, 그리고 일에 임하는 태도 등에 대해 낙관성과 비관성으로 나누어 접근하고 있다. 좋은 일은 자기 탓이고 나쁜 일은 환경이나 다른 사람 탓이라고 보는 성향을 가지면 이는 낙관성에 해당된다. 또 나쁜 일이 일어났을 때, 이를 일시적이라고 보고 결국은 곧 지나갈 것이라고 받아들이는 사람도 역시 낙관성을 가진 사람이라 볼 수 있다. 이와 비교해서 자기는 늘 운이 나쁘다고 믿는 사람, 절대 좋은 일은 없다고 신봉하는 사람은 비관성이 높은 경우이다. 나쁜 일의 원인을 자기 탓으로 돌리는 사람 또 자신이 잘 못해서 일어나는 결과라고 자책하는 사람은 비관적이라고 볼 수 있다. 펜실베니어대학교 심리학교수 셀리그만Seligman박사가 긍정심리학을 주창하였는데, 셀리그만 박사는 긍정성과 낙관성이야 말로 우리 인생에 행복을 가져다주고, 일이 잘 풀리도록 하는 데 대단히 중요한 요소라고 설명하고 있다.

긍정심리학은 사람의 밝은 면을 조명하면서 시작되었다. 심리학이 탄생한 19세기에는 정신적 이고 영적으로 사람을 개선되고 치유해야 한다는 견해가 지배적이었다. 즉 지그문트 프로이드Sigmund Freud는 인간을 질병모델에 입각해서 접근하였다. 다시 말해 다수의 개인은 우울하고 주위 환경에 적응하지 못하여, 정신적으로 건강하지 않기 때문에 이를 도와주어야 한다고 본 것이다. 그러나 21세기의 긍정심리학은 인간은 능동적이고 건강하고 또 긍정적이기 때문에 이 같은 강점을 더욱 살려야 한다는 관점에서 접근하고 있다.

역량중심 행동인터뷰 CBBI

최근 기업들이 많이 활용하는 역량중심 행동인터뷰 CBBI(Competency based Behavior Interview)가 무엇인지 살펴보자. CBBI는 기준의 전통적 면접과 다르다. 전통면접은 미래의 행동을 예측하기 위해서 미래의 상황을 가정해서 질문하는 방식으로 되어있다. 즉 개인의 학력, 경험, 스펙 그리고 비전 등에 대해 질문함으로써 개인이 가진 역량이 무엇인가를 파악하기 위한 것이다. 이를 위해서 인터뷰 장면에서는 여러 가지 주제에 대한 단답형 질문을 많이 한다.

그런데 이 같은 전통적 면접에는 단점이 있다. 예를 들어, 지원자가 면접에서 제기될 예상 질문을 중심으로 사전준비를 할 수 있고, 임기응변식 답변도 가능할 뿐만 아니라 면접관을 속일 수도 있다는 점이다. 그러나 역량중심 행동인터뷰의 경우는 미래의 행동을 예측하는 최선의 지표로 과거에 했던 행동을 전제로 한다. 또한, 역량중심 행동인터뷰는 실제로는 없는 가상적 상황보다는 지원자 자신이 역량을 발휘했던 구체적인 사례를 중심으로 질문한다. 여러 가지 질문을 하기보다는 한두 가지 경험에 대해 질문을 던지고 그 답의 꼬리에 꼬리를 물고 질문하는 방법이 바로 역량중심 행동인터뷰의 특징이라고 볼 수 있다. 이처럼 실제 경험을 바탕으로 심층질문을 진행하면 후보자는 속이거나 위장하기가 대단히 어렵다.

역량중심 행동면접과 기존의 면접과 차이점을 비교해 보자. 먼저 기존면접에서 통상 하는 질문사례로는 "프로젝트개발과 관련해서 당신이 가진 장점은 무엇이라고 생각합니까?" 또는 "우리 회사는 신제품 개발 프로젝트를 계획하고 있는데, 당신이 여기에 참가한다면 무엇을 기여할 수 있습니까?"라는 질문을 들 수 있다. 또 나아가서 "시간과 돈이 무제한 허용된다면 당신은 이것을 가지고 회사를 위해서 무엇을 하시겠습니까?" 또 "기대에 미치지 못하는 직원이 있다면 이 사람을 어떻게 처리하겠습니까?" 등과 같은 질문도 있을 수 있다. 이상과 같은 질문들은 지금까지 기업들이 면접에서 통상 사용하던 질문들이기 때문에 이를 통해서는 후보자의 역량파악이 어렵고 위장답변이 용이하다.

역량중심 행동면접의 경우는 예를 들어 "대학에서 좋은 결과를 가져왔던 프로젝트의 개발한 사례가 있으면 이것에 대해 말씀해 보세요" 또 "당신이 맡았던 프로젝트를 어떻게 성공적으로 개발했는지 설명하세요" 등도 예로 들 수 있다.

또 나아가서 "그 프로젝트 개발을 위해서 당신은 구체적으로 어떤 노력을 했습니까?"라는 질문도 나올 수 있다. 이 같은 질문은 후보자가 실제 해 본 적이 없으면 대답을 할 수가 없다. 나아가서 "실제로 했든 프로젝트의 결과는 어떠했습니까?"등과 같이 CBBI 면접법은 후보자의 세부역량을 정확하게 파악할 수 있다. 특히 의도적인 위장이 어렵고, 미래에 어떤 가능성을 가졌는지에 대해 예측이 용이하다.

심리검사법과 어세스먼트 센터

다음에는 심리검사법에 대해 살펴보자. 심리검사 중의 하나는 초, 중, 고교 시절에 한 적이 있는 IQ검사(지능검사)를 들 수 있다. IQ라는 것은 지적 능력을 측정하는 방법으로 심리학자들이 만든 초기 심리검사법 중에서는 가장 오래되었고 또 가장 널리 활용되는 검사의 하나이다. 이 검사는 심리학자 비네 Binet가 만든 것으로 그후 스탠포드 비네Stanford Binet 심리검사가 국내에 도입되어 활용되고 있다. 심리검사에는 IQ검사를 필두로, 스트레스 상황검사, 감성역량검사 등 그 종류가 대단히 많다. 심리검사를 실시하는 목적은 후보자들이 가진 핵심역량을 알아보는 데 있다.

유럽에서 1등 국가로 간주되는 네덜란드에서는 민주주의가 정착되고 지방자치제도가 활성화되어 있다. 이곳에서 매년 수없이 일어나는 여러 가지 종류의 지자체 선거에서 동민, 구민, 시민 그리고 도민 등이 참가하는 직접선거는 별로 많이 하지 않는다. 그 대신 GITP라는 국영 심리검사 기관에서 후보자에 대한 자질, 인성, 성격 등에 대한 다양한 심리검사를 실시하고 그 결과를 지자체장 심사위원회에 배수 또는 3배수로 보내면 여기에서 간접선거로 결정한다. 그런데 지난 수십 년간 실시해온 이 방법이 더 나은 사람을 더 적은 비용으로 뽑을 수 있었다. 이처럼 군에서 모병 및 병과분류 등에 활발하게 사용되고 있는 심리검사가 선진국에서는 다양하게 활용되고 있다.

심리검사는 반드시 파악하고자 하는 역량에 대해서 신뢰롭고 또 타당하게 측정하는지가 검증되어야 한다. 이것은 객관적이고 과학적인 방법으로 후보자의 지적능력을 파악하는 것도 포함된다. 왜냐하면 심리검사로 쓰는 그 잣대가 언제 어디서나 유효하고 또 타당해서 동일한 결과가 나와야 하기 때문이다. 물론 오차범위는 통계적으로 인정하지만, 그 편차가 큰 경우는 심리검사로서 사용이 불가능하다. 현재 삼성그룹에서는 SSATSamsung Aptitude Tes라는 삼성적성검사를 사용하고 있다. LG 그룹 및 SK그룹 등도 자체에서 개발한 심리검사를 사용하고 있다.

〈그림 11-2〉

역량의 내면과 외면 구도

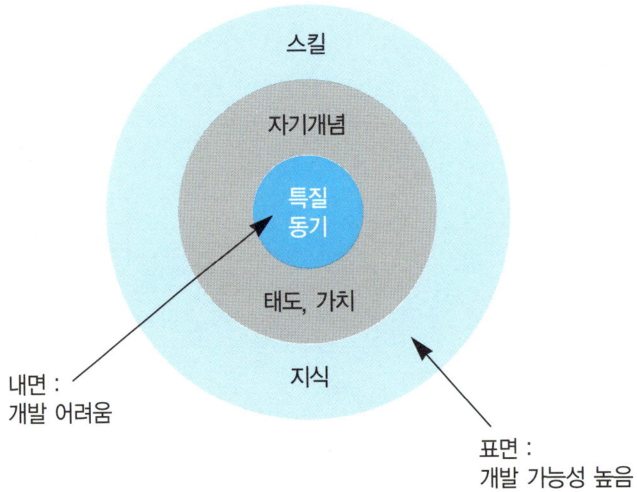

어세스먼트센터(Assessment Center)

어세스먼트 센터란 말을 들어 본 적이 있는가? Assessment Center는 역사적으로 재미있는 스토리를 가지고 있다. 이 기법은 오늘날까지도 우수한 인재를 선발하는 데 사용된다. 특히 미국의 일류기업 및 정부기관에서 이 방법을 즐겨 사용한다. Assessment라는 말은 "사정, 심사, 평가"라는 의미를 가지기 때문에 "평가하고 판단하는 것"이라고 볼 수 있다. 이 방법은 바람직한 인재를 뽑기 위해 평가하고 판단하는 여러 가지 기법을 한 군데 모아놨다고 볼 수 있다. 또 AT&T와 같은 글로벌 대기업은 Human Assessment Center를 운영하고 있다. 따라서 기계, 제품이나 상품이 아닌 사람을 평가하고 분석하고 판단하는 것이 센터가 하는 일이다.

Assessment Center 방법이 개발된 역사를 살펴보자. 이 센터를 세계 최초로 운용한 나라는 독일이다. 독일은 제 1차 세계대전 때부터 우수한 장교를 선발하기 위해서 이 방법을 개발하였다. 그 후 제2차 대전 때는 좀 더 광범위하게 활용되었다. 이들은 우수한 첩보원을 선발하는 목적에서 이 센터를 활용하였다. 한 사람의 유능한 첩보원은 한 나라의 운명을 좌우한다는 것이 나치 독일의 신조였다.

어세스먼트 센트에서 사용하는 방법 중 하나인 '지옥 훈련코스'이라는 것이 있다. 이것은 선발 후보자들을 극한 상황에 몰아넣고 각각의 상황에 대해 어떻게 대처해서 문제해결을 하는지를 관찰한다. 어세스먼트 센터에서 선발된 우수한 첩보원들은 그 후 적국의 적지에 들어가서 첩보활동을 하였다. 제2차 세계대전 중 미국은 특수부대 OSS 특공대 요원들을 선발할 때 이 방법을 사용하였다. OSS 요원들은 적지에 들어가서 작전을 하는 요원이었다.

이처럼 특수임무를 수행하는 전문 인력 선발에 주로 사용되었지만, 전후 브레이 박사Dr. Bray라는 유명한 산업심리학자가 주축이 되어서 미국 전기전자

〈그림 11-3〉

역량중심 행동면접(Competency based Behavioral Interview)

※ 전통면접

- 미래의 행동을 예측하기 위해서 상황을 설정해서 질문함. 선호도, 개인비전 등을 간단히 물음으로써 보유역량을 파악
- 여러가지 주제에 대한 단답형 질문 방식으로 진행
- 지원자의 사전준비, 임기응변을 통한 위장(disguise)이 가능

⇩

※ 역량중심행동면접(CBBI)

- 미래의 행동을 예측하는 최선의 지표는 "과거의 행동"이라는 것을 전제
- 가상상황보다는 지원자 자신이 "실제로 역량을 발휘했던 사례"를 질문
- 여러 질문보다는 한두 경험에 대해 꼬리에 꼬리를 물고 질문
- 실제 경험을 바탕으로 심층 질문을 함으로써 위장이 어려움

회사 AT&T에서 센터를 운영하였다. 필자가 1984년도에 미국국무성 초청으로 방미했을 때, Dr Bray와 면담한 적이 있다. 당시 미국의 유수회사들 IBM과 GE에서도 이 센터를 운영하고 있었고, 이를 우수 인력, 우수 관리자, 우수 승진 대상자 등을 선발하는 데 활용하고 있었다. 잘 뽑은 한 인재 한 사람이 10만 명을 먹여 살린다는 사실에 입각하면, 인재평가야 말로 얼마나 중요한 과제인지를 이해할 수 있을 것이다. 그 후에 어세스먼트 센터는 미국 및 유럽에서 1,000여개가 넘는 기업으로 확대되었다.

국내의 경우를 소개하면 1980년대 중반 경 현재의 POSCO(당시 포항제철)에서 필자가 운영했든 글로벌 산업 및 조직심리학 연구센터 GRCIOP에 와서 에세서Assessor 양성 과정을 요청했고, 필자가 이를 수락하고 실시한 바 있다. 어세서를 양성하기 위해서 가장 중요한 것은 이들이 똑같은 기준으로 대상자들을 평가할 수 있도록 신뢰할 수 있는 척정도구 개발이다. GRCIOP연구센터에서는 국내에서 유일하게 Assessor 양성 프로그램을 SYMLOG 진단 방법론을 활용하여 진행하고 있다. 초기 POSCO는 신업사원을 선발하고 이들이 연수를 받는 동안 에세스먼트 센터 방법을 활용하여 이들을 관찰하고 인터뷰하였다. 추가로 다양한 팀 활동을 실시하면서 조직이 찾는 인재상에 부적격한 사람은 누구인가를 평가하는 것이었다.

어세스먼트 센터 방법은 신뢰도와 타당도가 상당히 높다. 사실 심리 검사나 적성 검사 또는 면접만 가지고는 후보자를 정확하게 또 후보자의 진짜 모습을 정확히 파악하기에는 한계가 있다. 그러나 360도 피드백을 이용하는 SYMLOG은 사회과학이 개발한 어떤 방법론보다 신뢰도와 타당도를 제고할 수 있다.

어세스먼트 센트 운영에는 비교적 비용이 많이 든다. 우선 전문 능력을 가진 어세스Assessor를 양성해야 한다. 즉 이들이 서로 일관성이 있는 관점에서 후보자를 평가해야 한다. 어세스먼트 센터 코스는 대강 2일 내지 3일이 소요되

〈그림 11-4〉

역량중심 면접과 기존 면접의 비교

- 프로젝트 개발과 관련한 당신의 장점은 무엇입니까?
- 시간과 돈이 무제한 허용된다면 무엇을 하시겠습니까?
- 기대에 미치지 못하는 직원은 어떻게 처리하시겠습니까?

☞ **정확한 역량파악이 어렵고 위장답변 용이하여 미래 예측력 떨어짐**

⇩

- 대화에서 좋은 결과를 낳았던 프로젝트 개발사례가 있으면 말씀해 보세요.(1ST)
- 그 프로젝트 개발을 위해 구체적으로 어떤 노력을 했습니까?(2ND)
- 그 프로젝트의 소개와 홍보방법을 구체적으로 말해 보세요.(3RD)
- 그 결과는 어떠했습니까? 구체적으로 말해보세요.(4TH)

☞ **세부역량을 정확히 파악할 수 있고 위장이 어려우며 미래가능성에 대한 예측이 용이**

며 대량 인원을 대상으로 하는 데는 한계가 있다. 바로 이 같은 이유 때문에 선박 파일럿이나 항공기 조종사, 탁월한 첩보원을 선발하는 데 주로 사용되고 있다. 특히 최고경영자CEO를 선발하는 방법과 우수 첩보원을 뽑는 방법은 동일하다 하겠다. 스포츠 심리학에서는 올림픽에서 금메달을 획득하는 선수들을 뽑는 것이나 기업이 탁월한 최고 경영자를 뽑는 원리는 같다고 본다.

어세스먼트 센터 방법의 장점

센터가 몇 가지 장점을 정리해보자. 우선 이것은 어떤 선발 방법보다 탁월하게 그 기능을 수행한다는 것이다. 선발 대상 후보자들을 집중 코스에 투입하고 다수의 평가자들이 함께 평가하기 때문에 위장이나 속임수 같은 것이 작용할 여지가 철저히 배제된다. 따라서 AC(Assessment Center)를 통해서 선발된 인재는 다른 어떤 선발 도구를 통해서 선발된 경우보다 역량 측정이 더 정확하다. 또한 선발된 인재가 추후 조직에서 보여주는 행동과 AC 방법을 통한 결과 사이에는 높은 상관관계가 있다. 이처럼 강한 예언력을 가진 인원 선발 방법이기 때문에 소수 정예 인재를 뽑는 경우에는 대단히 선호된다.

어세스먼트 센터 방법의 고객화

어세스먼트 센터 방법을 인원 선발을 위한 다른 방법들과 결합하여 사용하는 것이 바람직하다. 즉 여러 가지 선발 도구와 결합된 AC 방법을 기업이 요구하는 인재상을 뽑는 데 부합하도록 고객화(Customize)시키는 것은 대단히 중요하다. 즉 기업은 선발하는 인재들에게 부여할 역할과 미션에 따라서 AC방법을 포함한 몇 가지 선발도구를 조합해서 사용할 수 있다. AC에서 사용하는 주

〈그림 11-5〉

심리검사법이란?

※ **심리검사를 통한 핵심 인재 선발**

"해당 역량을 측정하는 검증된 심리검사의 결과를 통해 객관적이고 과학적인 방법으로 대상의 역량 파악"

※ **장점**

· 동일검사 적용을 통한 사후 관리 및 타당성 검증 용이
· 대상자간 결과 비교 용이

요 기법을 살펴보면 다음과 같다. (첫째)인 배스킷In-basket 방법이 있다. 이것은 바구니 안에 여러 가지 과제를 사전에 메모지로 적어 넣는다. 후보자들은 이 바구니에서 자기가 해결해야 할 과제를 우선적으로 뽑는다. 이처럼 선택한 메모지에는 과제에 대해서 구체적으로 기술되어 있다; 즉 무엇을 언제까지 어떻게 수행하라는 것 그 내용이다. (둘째) 수행해야 할 과제를 프레젠테이션 할당해 준다. 이때 해결 대상 과제, 제한된 시간, 제약 조건 등이 포함된다. (셋째) 역할 연기(Role play)가 있다. 이때 후보자들에게 여러 가지 상황을 제시하고 이들이 각 상황에 부합되는 적절한 역할 연기를 할 것을 요구한다. (넷째) 사례분석(Case Analysis)이다. 여러 가지 사례를 주고 후보자가 사례를 중심으로 만일 자신이 그 입장이 되었다면 어떻게 대처할 것인가를 준비하여 발표한

다. (다섯째) 그룹 토론이다. 팀 멤버로 하는 행동, 팀원 사이의 상호작용, 리더십과 펠로우십 등등이 평가대상이다. 물론 각 그룹이 주어진 과제를 어떻게 해결했는지도 평가에 들어간다.

어세서먼트 센터에 대한 구체적인 설명

(1) 인 바스켓In-Basket법에 대해서 좀 더 자세히 알아보자. 후보자에게 여러 가지 과제를 던져 주고, 그 중에서 우선적으로 골라서 "당신이 그 과제의 담당자라면 어떻게 할 것인가"와 같은 구체적인 해결방안을 요구한다. 인 바스켓 방법에 대한 세부 운영 방식을 보면 편지, 보고서, 결제문서 등의 형태의 과제들이 주어진다. 이 과제는 인사, 재무, 회계, 노무, 마케팅 분야 등에 걸치며 각 과제는 갈등 상황을 내용으로 담고 있다. 후보자는 이 같은 갈등상황에서 어떻게 문제 해결을 하느냐가 평가 대상이다. 해결방안은 정해진 시간에, 업무 수행 우선순위를 결정하여 결과물로 보고서를 제출해야 한다.

인 바스켓In-basket방법의 특징을 살펴보자. 지원자는 결과물에 의사결정의 이유 및 배경 등을 포함하고 이에 대해서 평가를 받는다. 후보자가 주어진 과제를 어떻게 해결했는지, 또 그렇게 한 이유가 제출되기 때문에 후보자는 결과물뿐만 아니라 문제해결 프로세스 및 해결 논리 등도 평가 받을 수 있다. 이처럼 어세스먼트 센터 방법은 여러 가지 영역에 걸친 후보자의 역량을 평가할 수 있다는 것이 큰 장점이다. 평가 결과가 후보자의 미래 업무수행 역량을 예측하는 데 타당도가 높다는 것은 더욱 큰 장점이다.

(2) 프레젠테이션(Presentation Exercise)을 살펴보자. 이 방법은 후보자에게 특정 과제를 부과하거나 아니면 여러 과제들 중에 하나를 선택하게 한다. 후보자는 해당과제를 해결하고 그 결과에 대해 구두 발표를 하도록 되어 있다.

〈그림 11-6〉

어세스먼트센트법은 1

※ Assessment Center(Human Assessment) 방법

· 핵심역량에 근거한 다양한 Exercise를 통하여 장기간에 걸쳐 다수의 전문 평가자들이 독립공간에서 소수의 인력을 선발하는 방법

※ Assessment Center 방법의 역사

· 1차대전 이후 독일에서 장교 선발용으로 최초 개발 및 사용
· 1956년 AT&T社가 산업분야에서 최초로 사용(승진대상자 평가)
· Standard Oil, IBM, GE 등이 A/C 도입, 70년대 1,000여개 기업확대
· 타당도와 정확도가 높은 선발방법으로 알려지며 최근까지 각광

이것은 의사 전달 역량과 그 수준을 평가하는 방법으로 유용하다. 어떤 주제를 가지고 문서가 아닌 구두로 프레젠테이션으로 하는 면에서 면접 스킬이 다루는 내용과도 비슷하다. 프레젠테이션 실습의 세부 운영 방식을 살펴보자. 후보자는 당일 처음 공개되는 주제나 이전에 토의된 적이 있는 주제를 중심으로 제한된 시간 준비하고 이를 구두로 발표하도록 요구받는다. 발표는 평가자 앞에서 실시되고 발표 내용에 대한 심층적 질의응답이 뒤따르기 때문에 후보자의 정확한 구두 전달 수준과 역량뿐만 아니라 해당 주제에 대한 지식 및 정보도 평가된다. 때때로 평가자는 발표자와 대립되는 입장에서 코멘트를 함으로써

발표자의 논쟁을 할 수 있는 능력과 설득력도 파악이 가능하다. 스트레스에 대한 내성을 보기 위해 평가자는 발표자와 반대 입장에서 공격하기도 한다. 이 방법의 특징은 과제 구성과 시행이 간편하다는 데 있다. 흥미롭게도 독일어를 사용하는 국가에서는 90%가 이 Presentation Exercise를 사용하고, 미국 및 영국에서는 약 50%만 이 방법을 사용하여 인원 선발을 한다.

(3) 역할 연기

비교적 널리 활용되는 역할연기(Role play exercise)에 대해서 살펴보자. 후보자에게 여러 가지 역할을 부여하고 그 중 한 가지를 맡아서 그 역할을 하도록 요청한다. 예를 들면 회사의 신입사원이나 담당 부서 관리자 또는 불만을 가진 고객의 역할 등을 하도록 요청할 수 있다. 역할연기를 실시하면 후보자의 언어 소통력, 공감력, 임기응변력, 문제 해결력 등을 평가할 수 있다. 여기서 공감이라 하는 것은 상대방의 감정을 얼마나 잘 수용하는지를 말하고, 임기응변력은 주어진 상황에서 어떻게 즉각적으로 대응하는지 그 능력을 보는 것이다. 특히 역할 연기는 팀으로 하는 경우가 많다. 준비하는 시간도 짧게 주어지기 때문에 후보자들의 팀웍과 팀빌딩 그리고 리더십 등도 평가할 수 있다.

역할 연기Role Play의 세부 운영 방식을 보자. 후보자들은 여러 가지 상황에서 특정한 역할을 부여받고 그 역할을 하도록 요청받는다. 회사 측 또는 평가자 측은 숙달된 보조 연기자를 준비한다. 훈련된 이 연기자를 대상으로 후보자들은 역할 연기를 하게 된다. 역할 연기 종료 후 평가자는 코멘트와 질문을 하고, 이에 대한 후보자의 감정적 반응도 평가한다. 역할연기는 대개 소요시간을 8~10분 정도로 하기 때문에 실시에 편리한 장점이라고 볼 수 있다. 역할연기와 유사한 것으로 최근에는 컴퓨터를 통해 자극을 제시하고 반응 등을 입력하는 방법도 사용되고 있다.

〈그림 11-7〉

어세스먼트센트법은 2

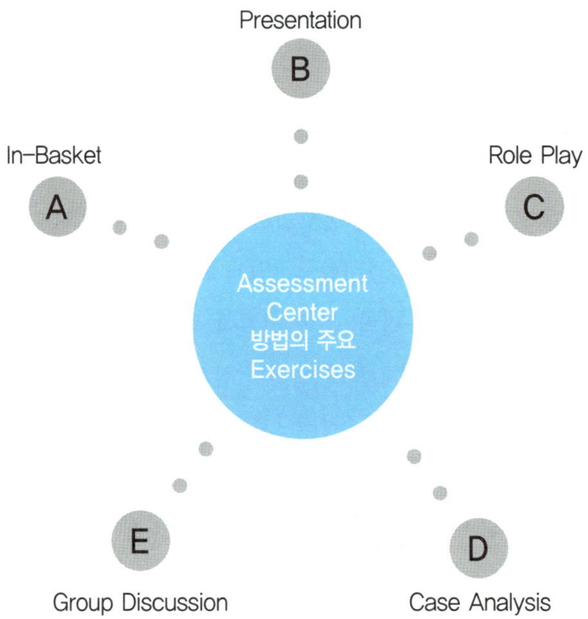

상기 Exercise의 다양한 조합을 통해 각 社의 Need에 맞는 Customization 가능

(4) 사례 분석Case Analysis

사례 분석은 사례 연구Case study와 관계가 있다. 미국, 유럽 그리고 일본 등 유명 비즈니스 스쿨에서는 사례 중심 교수법을 많이 활용하고 있다. 이 교수법은 실제 사례를 스토리로 만든 케이스를 중심으로 학생들을 교육하는 방법이다. 이 같은 방법을 케이스 티칭Case Teaching이라고 한다. 케이스 중심 교육을 하기 위해서는 케이스 개발이 필수적이다. 이를 케이스 라이팅Case Writing이라고 하고 비즈니스 교수들의 경우 케이스 라이팅이 논문 대신 의무로 정해져 있다. 또 케이스를 많이 보관해서 이를 학습용으로 판매하는 비즈니스 스쿨이 있다. 이들 케이스를 판매하는 조직을 케이스 클리어링 하우스Case Clearing House라고 부른다. 현재 대표적인 곳은 미국 Harvard 대학, 영국 Cranfield 대학, 캐나다 University of Ontario 등을 들 수 있다. 케이스 교수법 Case teaching은 전통적 강의 방식과 다르다. 케이스 강의실에는 담당 교수 외에 조교 2사람이 같이 수업을 진행한다. 학생들은 계단식 교실의 지정 좌석에 자기 앞에 고유 번호를 붙여놓고 착석한다. 그래서 케이스를 중심으로 진행되는 수업에서 교수가 질문을 던지면 대답하는 학생 및 답을 하겠다고 의사 표현한 학생들의 행동 빈도 역시 체크 된다. 물론 손을 들고 발언을 하고 답변을 하는 사람의 대답의 질도 평가된다. 케이스 교수법은 경영학, 법학, 심리학에서 중요한 교수 방법으로 간주된다.

채용에서 하는 사례 분석Case analysis에서도 지원자에게 주어진 문제 상황에 대한 자료를 읽게 하고, 해결할 수 있는 방안을 일정 시간 내에 제출하라고 요청한다.

세부 방식과 특징을 살펴보면, 제시하는 문제 영역은 재무, 시스템, 업무, 품질, 인사 등에 걸친 다양한 문제이고 이것이 상황 및 환경과 함께 제시된다. 또 특정 문제 해결을 위한 스킬 등도 이 평가에 포함된다. 평가자는 케이스 스터디에서 후보자가 내놓은 결과물의 내용과 동시에 그 형식도 평가한다.

〈그림 11-8〉

취업이후 : Next process

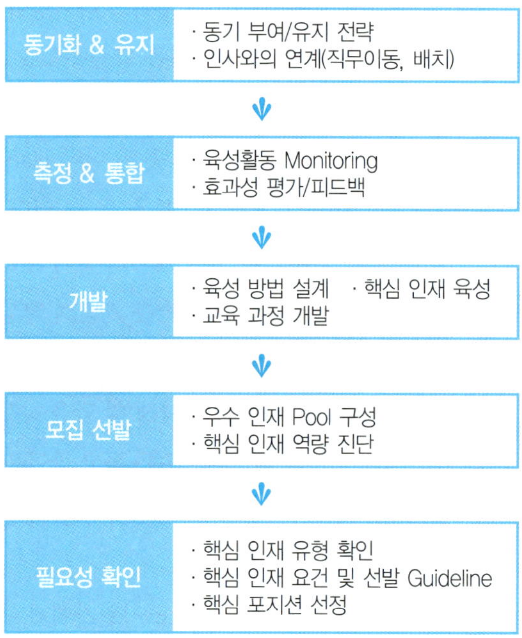

취업 이후 : 그 다음 단계

성공적으로 취업을 한다고 모든 것이 끝나는 것은 아니다. 왜냐하면 취업을 하는 것은 문제의 시작이기 때문이다. 취업한 이후 직원이 된 개인은 회사가 앞으로 어떻게 나를 육성할 것이냐가 대단히 중요하다. 기업 입장에서 보면, 회사에 적합한 인재라고 선발되었다는 것은, 이 신입 사원이 조직을 위해 성과를 낼 수 있을 것이라고 기대하고 있다는 뜻이다. 학습역량은 신입으로 채용된 사람 측에서나 회사 측에서나 모두 대단히 중요한 역량이다. 학습역량을 개인적으로 보면 직무 수행을 통해서 새로운 지식과 스킬을 학습하는 역량을 말한다. 취업후보자는 입사 후 회사가 제공하는 인재육성 로드맵에 대해 반드시 관심을 가져야 한다. 왜냐하면 취업은 바로 시작이기 때문이다. 취업이란 자신의 인생을 조직에 맡기는 셈이 아닌가. 매킨지 컨설팅에서는 직원들이 이 회사에 있는 동안 그들의 역량을 증진시키는 교육훈련을 많이 제공해 주기 때문에 많은 대학생들이 대단히 선호하는 회사로 잘 알려져 있다.

자, 인재 육성 전략을 반드시 체크하자. 이것은 기업들이 가지고 있는 인재개발 로드맵이다. 기업은 우선 조직에 들어온 신입사원들을 대상으로 핵심인재로 그 유형을 확인한다. 또 핵심인재 요건 및 선발 가이드라인 등에 부합하는지를 봐서 핵심 포지션을 선정하고 또 필요성을 확인한 후에 우수인재 풀Pool을 구성한다. 다음 단계로는 우수인재 풀 Pool에 들어간 인재들 중에서 소수를 선발하여 핵심인재로 선정하고 또 이들의 역량을 개발한다. 이처럼 인재 선발, 육성에 대한 로드 맵을 파악하는 것은 입사 전에 하는 것이 좋다. 내가 선택한 기업이 앞으로 나를 어떻게 키워줄 것인가를 아는 것은 내가 앞으로 이 기업을 위해서 일하는 것과 꼭 마찬가지로 취업후보자가 당연히 알아야 할 권리이다.

저자약력

박 재 호 (朴在鎬)

경복고등학교 졸업
서울대학교 심리학과 학부 및 대학원 졸업
ROTC 제 7기
독일 Goettingen대학교 대학원 졸업(산업조직심리학 박사)
독일 Kassel 대학교 대학원 "Technology & Cultural Transfer" 과정 졸업
영남대학교 심리학과 학과장 및 대학원 주임교수
영남대학교 명예교수
한국 TRIZ 학회 "국제학술대회" 조직위원장

〈국내〉

고객만족 2000 프로그램, LG전자, "전사적 고객만족 프로그램"
신경영 "나부터 변하자," 삼성그룹, 인력개발원
LG전자 & Philips, M&A 프로세스 컨설테이션
임원 Negotiation Skill Workshop, LG화학
POSCO Cross-cultural Leadership

〈해외〉

SEMATEC Consulting, Texas Austin, USA
Japan FMIC(Future Management and Innovation Consulting)
LG Philips Displays
Hyundai Motor Company, Tijuhana, Mexico
Samsung Electronics, Tijuhana, Mexico
Philips, the Netherlands
Goldman Sachs
Toppan Publishing Company, Japan
Applied Materials, USA

〈대학교류〉

Harvard대학교 교환교수(R. F. Bales교수 공동연구)
University of Michigan, Visiting Professor
CSPP(California School of Professional Psychology), Teaching Professor
University of Michigan(Ann Arbor), Research Professor
Yokohama National University, Research Professor
Trondheim University(Norway), Teaching Professor
Meio University, Okinawa Japan, Teaching Professor

〈컨설팅 네트웍〉

THT Cross-cultural Consulting, Amsterdam, the Netherlands, Partner
SYMLOG CONSULTING, San Diego, USA, Partner
CCL(Center for Creative Leadership), North Carolina, USA, Liscencee
Global Integration Cross cultural Consultation, UK, Partner

〈저서 및 출판〉

미래창조 리더십, 카오스북, 서울, 2013
자기개발리더십(SIL : Self Initiating Leadership), 생능출판, 서울, 2007
창조의 심리학, 페가수스, 2008
프리젠테이션 스킬, 영남대학교출판부, 2007
자신의 브랜드 가치를 높이는 커뮤니케이션 심리학(영남대학교출판부)
의사소통기술(영남대학교 출판부)
현대조직심리학(탐구당)
소비자 행동연구(탐구당)
고객감동으로 가는길(현대미디어)
성공하는 사람들의 7가지 습관, 서울, 2004
사회과학에서의 장이론(역서, 민음사)
미국우량기업연구(성원사)
일본의 실상과 허상(영남대학교출판부)
기타